초등
고학년의
사생활

초등 고학년의 사생활
십대 사춘기 아이들의 감춰진 진짜 속마음

지은이 | 김지나   펴낸이 | 곽미순   편집 | 김주연   디자인 | 이유진

펴낸곳 | 한울림   기획 | 이미혜   편집 | 윤도경 윤소라 이은파
디자인 | 김민서   마케팅 | 공태훈   제작·관리 | 김영석
주소 | 서울시 영등포구 당산로54길 11 래미안당산1차아파트 상가 3층
대표전화 | 02-2635-1400   팩스 | 02-2635-1415
등록 | 1980년 2월 14일(제318-1980-000007호)
홈페이지 | www.inbumo.com   블로그 | blog.naver.com/hanulimkids
페이스북 책놀이터 | www.facebook.com/hanulim

첫판 1쇄   2018년 4월 5일

ISBN 978-89-5827-116-1   13590

이 도서의 국립중앙도서관 출판예정도서목록(CIP)은 서지정보유통지원시스템
홈페이지(http://seoji.nl.go.kr)와 국가자료공동목록시스템(http://www.nl.go.kr/kolisnet)에서
이용하실 수 있습니다.(CIP 제어번호: CIP2018008810)

이 책은 저작권법에 따라 보호받는 저작물이므로, 저작자와 출판사 양측의 허락 없이는
이 책의 일부 혹은 전체를 인용하거나 옮겨 실을 수 없습니다.

초등 고학년의 사생활

십대 사춘기 아이들의
감춰진 진짜 속마음

김지나 지음

한울림

프롤로그
아이의 진짜 속마음

연일 신문에 오르내리는 사건사고 기사를 보면 요즘 아이들은 과거와 참 많이 다른 것 같습니다. 아홉 살 아이들이 수련회에 가서 장난으로 친구를 야구 방망이로 때렸다고 하고, 어느 6학년 아이는 '어른들은 입으로만 선한 말을 하는 악마'라는 유서를 남기고 아파트에서 뛰어내렸다고도 합니다. 이런 세상에서 아이를 학교에 보내는 일이 부모로서 때로는 두렵게 느껴지기까지 합니다.

하지만 교사로 아이들을 매일 학교에서 만나는 저는 할 말이 좀 많습니다. 요즘 아이들이 과거와 다른 것은 사실이지만, 그들의 세상을 어른들의 시선으로만 바라보기 때문에 왜곡된 점도 많기 때문입니다.

아이들의 '말'은 그들의 '행동'과 구분해서 바라봐야 합니다. 예를 들어 '학교 가기 싫어!'라고 말하는 아이가 정말 학교 가기 싫어한다고 생각하며 접근하면 아이의 진짜 속마음을 놓치기 쉽습니다. '학교 가기 싫어!'라고 말하는 아이가 부모에게 진짜 하고 싶은 말은 따로 있을지도 모르니까요.

"숙제를 안 해서 혼날까봐 학교 가기 싫어!"

"오늘 짝꿍 바꾸는데, 낯선 아이와 짝을 할 생각하니까 학교 가기 싫다고!"

"체육시간에 멀리뛰기 한다는데, 작년에 멀리뛰기 하다가 넘어진 게 생각나서 학교 가기 싫어!"

이렇게 아이가 부모에게 하고 싶지만 하지 않은 말 속에는 진짜 아이의 마음이 숨어있습니다.

사실 아이들도 학교에 가서 잘하고 싶은 마음이 큽니다. 숙제를 잘 해서 선생님께 칭찬받고 싶고, 새로 바뀌는 짝꿍과 잘 지내고 싶고,

멀리뛰기도 실수 없이 잘 해내고 싶은 마음이 있으니까요.

만약 이런 마음이 조금도 없는 아이라면 부모에게 '학교 가기 싫다.'라고 말하기보다 머리가 아프다거나 배가 아프다고 울어버리는 방법으로 진짜 학교를 가지 않는 행동을 선택합니다. 그런데 정작 '행동'하지 않고 '말'로만 하는 아이의 진짜 속마음은 부모에게 자신의 두려운 감정을 위로받고 싶은 것입니다.

하지만 부모가 '학교에서 우리 아이가 무슨 일이 있었던 걸까? 어떻게 해야 하지?' 하며 문제를 해결한다는 마음으로 아이를 대하면 정작 아이가 진짜 원하는 정서적 지지는 해주지 못합니다.

"그래, 학교 가기 싫을 때가 있어. 엄마도 어렸을 때 그랬거든."

어쩌면 부모의 이 한마디가 아이에게는 진짜 힘이 될지도 모릅니다. 문제를 해결해주기보다는 아이의 감정을 인정해주고 잠시 옆에 있어주는 것만으로도 아이는 충분히 힘을 얻을 수 있을 테니까요.

그러다가 아이가 진짜 학교를 안 가겠다고 하면 어떻게 하냐고요? 그 다음 행동은 아이의 기질에 따라, 상황에 따라 천차만별로 달라집니다. 부모가 찬찬히 아이의 속마음을 살펴보는 시간을 들여야 문제 해결의 실마리를 찾을 수 있습니다.

교육에는 하나의 정답이 존재하지 않습니다. 어쩌면 아이마다 정답이 모두 다르다고 하는 것이 더 맞는 말일지 모르겠습니다. 각자

처한 상황과 기질에 따라 달라지는 정답들을 어떻게 알려줄까 고민하는 과정에서 이 책의 구상이 시작되었습니다. 제가 그동안 만난 아이들의 여러 상황들을 있는 그대로 풀어내다보면 그 안에서 자연스럽게 정답을 발견할 수 있으리라 생각했습니다.

예전과는 많이 다른 요즘, 아이들은 우리 때와 많이 다릅니다. 세상이 그들에게 요구하는 것들이 과거에 비해 많아지다 보니 자연스럽게 아이들도 보다 영민하게 세상에 반응하는 법을 배우게 되었지요. 이 아이들을 잘 이끌어주려면 어른들도 지혜로워져야 합니다.

저에게 삶의 지혜를 깨닫게 해주는 요즘 아이들과 함께하는 일은 그래서 때론 힘들지만 즐겁기도 합니다.

이 책에서 특히 사춘기를 맞는 초등 고학년 십대 아이들의 생생한 이야기를 통해 아이들의 진짜 속마음을 엿볼 수 있는 기회를 가져보시길 바랍니다. 더불어 제가 배웠던 삶의 지혜도 함께 나눌 수 있다면 더 바랄 것이 없겠습니다.

김지나

차례

프롤로그 아이의 진짜 속마음

학교생활
모르고 지나치게 되는 것들

점점 더 말하지 않는다 • 13 | 말대꾸가 격해진다 • 22 | 친구 절대 권력 • 29 | 자기감정에만 빠지다 • 38 | 스스로 척척! • 45 | 조금 뒤처졌던 아이 • 54 | 소극적이지만 때로는 주도적으로 • 61

학습과 진로
일등을 좇는 아이들 vs 열등감에 갇히는 아이들

목표는 언제나 백점! • 73 | 실수할까봐 두려워요! • 83 | 학원숙제 때문에… • 91 | 아이만의 황금시간 • 98 | 내 꿈은… • 106 | 영재교육 • 115 | 성적과 자존감의 상관관계 • 124 | 장래희망 • 134

3장
친구관계
무소불위의 '절대 권력'

단짝 친구 • 147 | 전학 온 아이 • 155 | 우리 학교 짱? • 165 | 우리 반 왕따? • 176 | 감정형 아이 • 187 | 경쟁관계 • 194 | 오늘부터 1일! • 202

4장
사춘기
감정이 소용돌이치는 아이들

싫어! 안해! • 213 | 빨간 입술과 짧은 치마 • 224 | 내 감정을 잘 모르겠어요 • 238 | 선생님은 절대 모르실 거예요! • 246 | 내 몸의 변화가 느껴져요 • 255 | 자주 화가 나고 우울해요 • 262

에필로그 어린이에서 청소년이 되는 시간

1장

학교생활

모르고 지나치게 되는 것들

많은 부모들은 아이를 위해 무엇을 해주어야 할까 고민한다. 그런데 아이러니하게도 부모의 그런 노력과 관심이 오히려 아이의 주변에 다른 세상이 들어오는 것을 차단시키기도 한다. 고학년이 될수록 더욱 그렇다.

아이가 고학년이 되고 사춘기를 맞이했다는 건 이제 아이도 어엿한 성인으로서 독립을 준비하기 시작하는 시기라는 뜻이다. 그리고 그 첫 발자국은 오롯이 스스로의 힘으로 이루어져야 한다. 부모나 교사의 도움을 받으면 다음 번 발을 뗄 때 다시 또 비틀거릴 수밖에 없다. 그러니 진심으로 아이가 세상에 당당히 혼자 서기를 바란다면, 아이에게 도움이 필요한 순간에 너무 빨리 다가가지 않기를 바란다. 어쩌면 다가오고 싶었던 다른 친구가 또는 세상이 주는 기회가 부모에 의해 막혀버릴지도 모르기 때문이다.

점점 더 말하지 않는다

고학년이 되면서 많은 아이들이 크게 두 가지 변화를 보인다. 하나는 욱하는 감정을 다스리지 못해서 폭발하는 모습이고, 또 하나는 입을 꾹 다물어버리는 모습이다. 두 가지 모습 모두 부모와 교사 입장에서는 당황스럽다.

많은 부모들이 아이가 고학년이 되고 사춘기에 접어들면서 부모를 거부한다고 생각한다. 화를 내고, 입을 다물고, 부모의 말을 잔소리라고 치부하며 들으려고 하지 않으니 당연하다. 특히 학교에서 있었던 일은 물론이고, 뭘 물어도 제대로 대답하지 않으니 답답하기만 하다.

몰랐던 아이의 모습

"그런 일이 있었군요. 경수는 집에 오면 온종일 입을 꾹 다물고 있어요. 아이가 입을 다물고 있으니 학교에서 있었던 일을 제가 알 턱이 있나요? 아이가 왜 그러는지 모르겠어요. 저학년 때는 조잘조잘 말도 잘하던 아이였는데…….”

학부모 상담시간에 경수 어머니의 한숨이 길어졌다.

"집에서 말을 안 한다고요? 경수가요? 학교에서는 정말 쉴 새 없이 이야기를 하거든요."

"네? 정말요?"

경수 어머니는 오히려 내 말을 못 믿겠다는 눈치다.

"며칠 전에 경수 할머니께서 오셨다면서요? 할머니께서 며칠 쉬시다가 오늘 시골로 다시 내려가신다고요."

"어머, 우리 경수가 선생님께 그런 이야기를 한다고요?"

우리는 잠시 멍하니 놀란 표정으로 서로를 바라볼 수밖에 없었다.

어릴 때 경수는 말도 재미있게 잘하고, 유치원에서 먹은 간식 메뉴까지 엄마한테 시시콜콜 다 이야기하는 다정다감한 아이였다고 한다. 그러던 아이가 학년이 올라가면서 점점 말수가 적어지니 부모 입장에서는 걱정이 될 수밖에 없다.

반면 경수와 정반대의 경우도 있다. 은정이는 여느 아이들에 비해 유독 말이 없고 조용했다. 내가 관심을 보이고 이것저것 물어봐도 아이는 '네.' 또는 '아니요.'로 짧게 답하면서 틈을 보이지 않았다. 아이가 혹시 학교생활에 무슨 어려움이 있는 것은 아닌지 걱정이 되었다. 학부모 상담시간에 조심스럽게 이 문제를 말했더니, 은정이 어머니는 의외라는 표정을 지으셨다.
 "은정이는 집에서 학교 이야기를 정말 많이 해요. 지난번에는 선생님이 파마하고 오신 것까지 말하던 걸요!"
 학부모 상담 후, 내가 봐온 두 아이의 상반된 모습이 나를 혼란스럽게 했다. 두 아이는 왜 학교와 집에서 다른 모습을 보이는 걸까?

거부에 대한 두려움과 공감에 대한 욕구

 "야, 이건 반칙이지! 그건 규칙에 없었잖아."
 쉬는 시간, 오목을 두던 아이들 무리에서 경수의 목소리가 들렸다. 경수는 학교에서 선생님과 친구들 사이에서 활발하게 소통하는 아이다. 재미있는 일에는 어김없이 끼어들고, 부당한 일에는 자기주장을 내세워 큰소리 칠 줄도 알았다.
 "규칙은 지금부터 만들면 되잖아! 아무튼 내가 이겼어."
 "야, 너는 뭐든 네 맘대로 하냐?"
 화가 머리끝까지 난 경수가 친구의 멱살을 잡으며 달려들었다.
 나는 다급해져서 큰소리로 아이를 제지했다.
 "지금 뭐하는 거예요? 그만!"
 두 아이를 따로 불러냈다. 경수는 여전히 분노로 씩씩대었다. 평소 다정다감하고 살갑게 굴던 아이의 모습은 온데간데없고, 순간적으로 돌변한 아이의 모습에 나는 당황스러웠다.

"경수야, 표정이 왜 그래? 선생님까지 노려보는 거야?"
"그게 아니라, 저 자식이 먼저 규칙을 어겼단 말이에요."
"그렇다고 친구한테 주먹다짐을 한 게 잘했다는 말이야?"

내 말이 떨어지자마자 경수의 눈에는 눈물이 맺혔다. 그러더니 이후에는 내가 하는 말에 반응하지 않고 입을 꾹 다물어버렸다.

그 순간, 나는 집에서 아이가 말을 하지 않는다고 걱정하던 경수 어머니가 떠올랐다. 경수는 자신이 억울하다고 느끼거나 자신의 말을 믿지 않는다고 생각되는 순간에 입을 닫아버리는 모양이었다. 어쩌면 경수는 상대에게 자신이 거부를 당했다고 느끼는 감정이 가장 두려웠던 건지도 몰랐다. 경수의 이런 태도는 '공감에 대한 욕구'가 강하기 때문일 수 있다. 상대에게 공감을 받고 싶은 마음이 강하면 강할수록 그렇지 못한 상황이 더욱 두려운 것이다.

"아니야, 진짜라니까! 하하하."
"으하하, 나 웃겨서 배꼽이 빠질 것 같아!"

쉬는 시간, 교실로 들어서려던 나는 아이들의 웃음소리에 잠시 걸음을 멈추고 교실 안을 들여다보았다. 내가 없는 교실에서는 여자아이들의 수다 한판이 벌어져 있었다. 그런데 그 왁자한 소란스러움의 한가운데에 은정이가 있었다. 은정이는 주도적으로 이야기를 재미있게 이끌어가고, 아이들은 은정이의 이야기에 박장대소했다. 내가 이제껏 보지 못했던 은정이의 모습, 한 번도 듣지 못했던 은정이의 목소리가 내가 없는 교실에서 울려 퍼졌다.

나는 크게 심호흡을 하고 교실 문을 열었다. 여자아이들은 이내 선생님의 등장을 눈치채고, 스르르 웃음소리가 잦아들었다. 내가 못 본 척하고 다른 일을 하자, 한 아이가 다시 이야기를 시작했고, 아이들은 다시 이야기에 빠져들었다. 그런데 이번에는 은정이의 목소리가 들리지 않았다. 웃음소리조차 들리지 않았다.

나는 슬쩍 아이의 얼굴을 살폈다. 잦아든 목소리와 달리 은정이의 얼굴에는 여전히 웃음꽃이 활짝 펴있다. 은정이는 '선생님의 존재'를 강하게 의식하며 행동하고 있었다.

경수의 일을 토대로 나는 은정이에 대해 다시 생각해보았다. 은정이 어머니는 아이가 선생님에 대해 관심도 많고, 한창 패션에 민감해지면서 선생님의 옷차림과 헤어스타일의 변화, 작은 액세서리까지 기억하고 집에 와서 말한다고 했다. 그렇게 나에게 관심이 많은 아이가 왜 학교에서는 정작 나와 한마디도 하지 않는 걸까? 혹시 은정이도 보이는 행동과 달리 속마음은 경수와 같은 게 아닐까?

'거부에 대한 두려움, 공감에 대한 욕구!'

학교에서 선생님은 아이들을 무섭고 강하게 대해야 하는 경우가 있다. 은정이는 선생님이 다른 아이를 무섭게 야단치는 모습을 보면서 선생님이 자신에게도 저렇게 대할 수 있다는 생각에 두려웠을 것이다. 은정이도 경수처럼 상대에게 거부당하는 것에 대한 두려움이 크고, 또 친구들과 있을 때처럼 소통과 공감에 대한 욕구도 커서 그

마음이 나에게는 입을 다무는 형태로 나타난 것이다.

반항심에 대화를 거부하기도

 미술시간, 사진을 도화지 가운데에 붙이고 나머지 여백에 사진 속 모습을 더 연장해서 상상하여 그려 넣는 활동 중이었다. 사진을 잘 골라야 작업이 쉬워지기 때문에 아이들은 교탁에 준비된 다양한 사진들을 보며 뭘 고를까 고민들이 한창이었다.
 대부분의 아이들이 사진을 고르고 활동을 시작할 때쯤, 아직까지 마음을 정하지 못한 두세 명의 아이들이 눈에 띄었다. 그중에 있던 하진이에게 도움을 주려고 적당한 사진을 골라서 아이에게 주며 말했다.
 "하진아, 이 사진으로 한번 해 볼래? 네가 잘할 것 같아!"
 "……."
 아이는 아무 대답 없이 나를 한번 힐끗 보더니, 다른 사진들로 시선을 돌렸다.
 "그럼, 이건 어때?"
 나는 또다시 다른 사진을 권했다.
 "……."
 여전히 아이는 아무 대답이 없었다. 그러더니 보란 듯이 다른 사진을 하나 집어 들고 자기 자리로 뒤돌아 들어갔다. 그때 나는 순간적으로 아이가 히죽 웃는 것을 보고 말았다. 웃음 섞인 알 수 없는 표정의 아이를 본 순간, '땡!' 하는 소리가 강하게 뇌리를 때렸다.

아이들은 고학년이 되면서 어른들의 말과 그 이면의 마음을 볼 줄 아는 능력을 갖는다. 어떤 어른들은 자신에게 친절하게 대하지만 그 이면의 마음은 그렇지 않다는 것을 경험하면서 반발심리가 생겨나기 시작한다. 어렸을 때 어른들의 말을 믿고 잘 따랐던 기억까지 겹쳐지면 반항하고픈 감정은 배가되기도 한다. 그러던 어느 순간 아이는 깨닫는다. '어른들의 질문에 내가 답을 하지 않으면 어른들은 감정이 상하고 불편해한다!'

많은 어른들은 아이가 자신의 말에 "네~!"라고 대답을 해야 소통이 잘 되었다는 안도감을 느낀다. 그렇기 때문에 사춘기에 접어든 아이들은 반항심에 어른들과의 대화 자체를 '거부'하며 미묘한 감정의 간극을 파고든다.

하진이가 나에게 입을 다무는 것은 거부에 대한 두려움 때문이 아니었다.

진짜 속마음을 느끼는 순간

"신생님, 저…… 그 귀걸이…… 너무 예뻐요!"
어느 날 은정이가 내게 다가와 조심스레 먼저 말을 걸었다.
"오늘 처음 했는데 은정이가 바로 알아봐주니까 정말 기분 좋네!

은정아, 네가 보기에 이런 스타일이 나한테 잘 어울리는 것 같아?"

"음, 그런데 이것보다는 저번에 하셨던 그 진주 귀걸이가 더 예쁘세요. 선생님 분위기에 더 잘 어울려요."

나는 그날 귀걸이와 옷차림에 대해 은정이와 많은 대화를 나눴다. 비록 선생님과 학생 사이에 나누는 대화 내용으로는 적절하지 않았다 해도, 그날의 핵심은 은정이가 먼저 내게 다가와 마음의 문을 열었다는 점이다.

경수나 은정이의 경우, 아이들의 마음을 알고 이해하면 해결의 실마리를 쉽게 찾을 수 있다. 아이에게 공감하는 표현을 가능한 많이 해주면서 기다리면 아이 스스로 상대방을 긍정적으로 인지하고 먼저 다가오기 때문이다.

하지만 하진이의 경우는 다르다. 나는 하진이를 대하는 태도를 바꿀 필요가 있었다. 우선 웬만해서는 아이와 대화할 때 질문형식을 취하지 않았다. 그리고 아이가 대답하든지 안 하든지 아이의 행동에 대해서만 대응했다. 그러니까 내 쪽에서 먼저 아이가 파고드는 간극을 없애버린 것이다.

그러던 어느 날 기회가 찾아왔다.

"선생님, 저 다른 책으로 독서록을 쓰고 싶은데, 괜찮을까요?"

하진이가 나에게 질문을 던졌다. 나는 하진이와의 관계개선을 위해 이 기회를 활용하기로 했다. 이번엔 내 쪽에서 대답을 하지 않았다. 잠시 미묘한 감정의 시간이 흘렀다.

"하진아, 방금 선생님이 대답하지 않으니까 기분이 어땠니? 좋지 않았지? 나도 예전에 지금 너와 같은 기분이었어."

"……."

아이는 아무 말이 없었다. 하지만 이번의 침묵은 지금까지의 것과는 달랐다. 아이는 잠시 멍한 표정으로 서 있더니 살짝 미안한 표정을 지었다. 그것으로 충분했다.

놀랍게도 화내고 입을 다물어버리는 아이들일수록 그들의 속마음에는 누구보다 강한 소통의 욕구가 자리하고 있다. 다만 이제 막 터져 나온 그 욕구들은 너무 약하고 섬세해서 상대방의 작은 반응에도 강하게 상처 입기 일쑤이다.

그래서 아이들은 '내 말에 잘했다, 잘못했다 말하지 말고 그냥 좀 들어주면 안 돼?'라는 바람을, '나도 내가 잘못한 것을 아는데 나도 그럴 수밖에 없는 이유가 있다.'는 속마음을 그렇게 어른과의 대화를 거부하고 밀어내는 방법으로 표현하고 있는지도 모른다.

말대꾸가 격해진다

초등 고학년 아이들은 나름대로 논리가 생기고, 꾸중하고 걱정하는 어른들에게 말대꾸가 격해지기 시작한다.

어른들 입장에서 보면 아이들의 이러한 변화가 달갑지 않다. 어렸을 때는 안 그러던 아이가 버릇이 없어졌나 하는 생각이 들기도 하고, 부모와 교사의 권위에 도전한다는 생각에 더욱 강하게 대응하며 가르치려고 한다.

끝없는 아이의 말대꾸

청소시간에 다툼이 벌어졌다.
"싫어! 왜 맨날 너만 하냐? 이번에는 내가 할 거야."
교실 청소당번인 기준이와 강세가 청소기를 잡고 서로 자기가 하겠다면서 팽팽히 맞섰다. 청소기는 교실에 한 개밖에 없기 때문에 나머지 아이들은 빗자루로 교실을 쓸었다. 그러다 보니 청소기를 돌리는 일은 아이들에게 늘 인기가 많았다.

"야, 아무나 청소기 돌려서 빨리 끝내는 게 중요하지 뭘 그래? 넌 빗자루로 여기 쓸면 되겠네."

"어제도 네가 청소기 맡았잖아? 그러면 오늘은 네가 빗자루로 쓸어야지!"

"그렇게 말하는 너도 청소기 담당은 아니잖아!"

정작 오늘의 청소기 담당인 다온이는 둘 사이에서 어쩔 줄 몰라서 서 있기만 했다. 보다 못한 내가 중재에 나섰다.

"청소기는 이리 줘! 원래 오늘 담당인 다온이가 돌리도록 해."

청소기는 다온이에게 넘어갔지만, 기준이와 강세의 기 싸움은 거기서 그치지 않았다.

"아, 진짜! 이게 다 너 때문이잖아? 진작 내가 한다니까!"

기준이가 먼저 강세를 몸으로 밀며 화를 냈다. 그러자 강세도 지지 않고 맞받아쳤다. 그렇게 녀석들은 각각 한 손에 빗자루와 쓰레받기를 든 채로 서로의 어깨를 치며 싸움을 이어갔다.

"기준이와 강세, 너희 둘 다 이리 와! 지금 뭐하는 거야?"

심상치 않은 내 목소리에 강세는 흘긋 눈치를 보더니 입을 다물었다. 그런데 기준이는 여전히 목소리를 높이며 거침이 없었다.

"그게 아니라고요! 아, 진짜 어이가 없어서……. 아까 다온이가 청소기를 하고 싶지 않다고 해서, 그러면 내가 한다고 했다고요."

"기준아, 지금 선생님이 왜 화가 났는지 아직도 모르겠어?"
"알아요. 저희가 싸워서 그러신 거잖아요. 그런데 그게 강세가 나중에 끼어든 거라니까요."
"그만! 기준이 조용히 못해!"
"아, 진짜 왜 저한테만 그러세요?"
기준이는 조용히 하라는 내 말에 지지 않고 계속 말대꾸를 했다.
"강세는 지금 조용히 하고 있잖아."
"아까는 강세가 말을 더 많이 했단 말이에요!"
내가 무슨 말을 해도 기준이는 물러서지 않았다.

고학년 아이들을 가르치다 보면 본의 아니게 아이와 쓸데없는 논쟁에 휘말리는 경우가 있다. 분명 처음에는 강세와 기준이의 싸움을 말리려고 했던 건데, 상황은 기준이와 나의 말싸움으로 번져갔다.
나는 일단 교실청소를 마저 끝내자며 강세와 기준이를 교실로 들여보냈다. 강세는 안도하며 들어갔지만, 기준이는 계속 분하다며 책상을 발로 차기도 하고 씩씩대며 숨을 몰아쉬었다.

논쟁에 휘말리지 않으려면

기준이는 뭔가 자신이 나서서 주도하고 몸을 움직이는 것을 좋아하는 아이다. 나는 기준이의 입장에서 상황을 다시 생각해보았다. 기준이는 다온이가 양보해준 청소기를 받아서 돌리려고 했는데, 그 순간 강세가 방해하자 화가 났다. 어찌 보면 기준이는 청소기를 매개로 청소시간에 주도권을 잡고 싶었던 모양이다.

아이의 마음은 이해하지만, 한편으로 아이가 나에게 보였던 태도가 마음에 걸렸다. 강세와 기준이의 싸움에 내가 화를 내자 강세는 자신이 잘못한 부분을 인정하고 바로 조용히 했지만, 기준이는 달랐다. 기준이는 선생님의 말에 반박해서 상황을 자기에게 유리하게 이끌고 싶어 했다. 그런데 내가 청소를 끝내고 다시 이야기하자며 교실로 돌려보내자, 기준이는 분이 풀리지 않아 계속 화를 냈던 것이다. 기준이는 선생님과 관계에서도 자기가 주도권을 잡고 싶어 한다는 생각이 들었다.

아이들은 가끔 질문형식으로 답하면서 야단치는 어른들을 도리어 공격하기도 한다. 따라서 아이들의 질문은 진짜 궁금해서 하는 질문과 상황 주도권을 가져오기 위한 질문을 구별해서 답해야 한다. 아이 말에 일일이 대답하려 애쓰면 자칫 아이들과 논쟁에 휘말릴 수 있다.

기준이처럼 어른이 자신의 행동에 대해 부정적인 반응을 보이거나 유사한 일이 생겼을 때 나름대로 자기논리를 갖고 반박하는 아이들을 대할 때는 더욱 신경을 써야 한다.

나는 이러한 유형의 아이들을 대하면서 고학년 아이들과 대화하는 방법에 대해 몇 가지 규칙을 세웠다.

첫째는 아이가 '몰라서 안하는 것'과 '알고 있지만 안 되는 것'을 구분하는 것이다. 아이가 거짓말을 하거나 친구를 따돌리는 행동을 했을 때 거기에다 대고 그것이 얼마나 나쁜 행동인지 일장 연설을 해봤자 아무 소용없다. 아니 소용이 없는 수준이 아니라, 오히려 역효과가 나기 십상이다. 왜냐하면 아이도 이미 그것이 나쁜 행동이라는 것을 잘 알고 있기 때문이다.

둘째는 아이와 대화하기 전에 가장 중요한 우선순위를 먼저 정하는 것이다. 아이의 문제행동을 바꾸는 것에 초점을 맞출지, 아니면 아이의 감정을 수용해주고 마음을 다독이는 것에 초점을 맞출지 정하는 것이다. 이것은 상황에 따라 또 아이의 기질에 따라 다르게 적용된다.

셋째는 야단을 치는 상황에서 대화는 3분이 넘지 않도록 하는 것이다. 아무리 좋은 말도 길어지게 되는 순간 역효과가 나기 때문이다. 고학년쯤 되면 이미 어른들이 다음에 무슨 말을 할지도 아이들은 다 꿰고 있다. 그런 상황에서 대화가 3분을 넘겨 버리면 아이는 슬슬 잔소리로 인지한다. 그러니 무슨 말이든 3분을 넘기지 않아야 아이와 대화를 이어갈 수 있다.

규칙이 필요할 때

"닭강정은 내가 가져올게."

오늘 급식에 아이들이 좋아하는 반찬이 나오자, 기준이가 나섰다.

"잠깐!"

나는 급식통을 재빠르게 선점한 기준이를 막아서며 제동을 걸었다. 기준이는 몰라서 안 하는 게 아니라, 알지만 자신의 강한 욕구 때문에 문제행동이 고쳐지지 않았다. 그러니 목표를 아이의 행동변화에 초점을 맞추기로 했다.

"우리 반에서 아마 기준이가 급식당번을 제일 열심히 하는 것 같아. 반찬이 떨어지면 급식실에 다녀오는 것도 항상 기준이이고."

내가 막아서자 말대꾸할 총알을 잔뜩 장전하고 있던 아이는 뜻밖의 칭찬에 어안이 벙벙해진 표정을 지었다.

"기준아, 아무리 좋은 행동도 너만 혼자서 여러 번 하는 것은 좋지 않아. 너도 힘들고, 또 친구들도 반찬 받아오는 것을 하고 싶을 수도 있으니까."

"자, 앞으로 급식실에 가서 반찬을 더 받아오는 일은 번호 순서대로 돌아가면서 하는 게 좋겠어요. 한 사람만 고생하는 것은 좋지 않으니까요. 기준아, 오늘은 네가 다녀와."

이렇게 규칙을 정하면 고학년 아이들은 규칙 안에서 자신이 어떻게 행동해야 하는지 금방 깨닫는다. 나는 이 전략을 고학년 아이들을 대할 때 적절하게 활용한다. 특히 말대꾸가 심하거나 반항하는 아이들에게 교사로서 권위를 잃지 않으면서 적절하게 행동을 변화시킬 수 있는 유용한 방법이다.

고학년 아이들은 자신들의 생각이 강해지면서 어른들의 말을 그냥 듣고만 있지 않고, 잘못되거나 논리에 맞지 않는 부분을 또박또박 맞받아치면서 대들곤 한다. 수많은 경험을 통해 나는 이럴 때 먼저 화를 내거나 감정이 격해지면 안 된다는 것을 배웠다.

잠시 시간을 두고 생각을 가다듬으며 앞서 나눈 아이와의 대화를 되짚어보면서 진짜 아이가 원하는 것이 무엇인지 파악하는 것이 중요하다. 아이들은 혼나는 것을 피하기 위해 이런 저런 이유들을 갖다 대기도 하고, 가끔 혼내는 어른을 더 화나게 만들기 위해 그러기도 하기 때문이다.

그래서 다시 아이와 이야기를 나눌 때는 논쟁에 휘말리지 않도록 무엇보다 평정심을 유지해야 한다.

친구 절대 권력

고학년이 되면서 아이들의 친구관계가 많이 변한다. 저학년 때는 자주 만나고 접하는 기회가 빈번하면 자연스럽게 친해지는 경우가 많다. 하지만 점점 학년이 올라갈수록 아이는 이제 각각 자신의 스타일에 맞는 친구들을 주도적으로 사귄다.

그러다 보니 어제까지 단짝이었던 친구끼리 싸우고 틀어지는 경우가 생기고, 자기들끼리 그룹을 만들면서 보이지 않는 신경전이 일어나기도 한다. 특히 그룹을 만들어서 함께 다니기 좋아하는 여자아이들에게서 이런 경향은 더욱 두드러진다.

그리고 이렇게 만들어진 친구관계는 생각보다 단단하고 견고해서 교사나 부모의 개입에도 절대 흔들리지 않는다. 이제 아이들은 부모의 말보다 친구의 말을 더 신뢰하고 따르며, 친구가 누구보다, 무엇보다 중요한 '친구 절대 권력'의 시기를 맞이했다.

갈등이 생기다

아침부터 교실 분위기가 무거웠다. 채린이는 책상 위에 엎드려 울고, 다른 한쪽에서는 여자아이들이 모여 쑥덕거리며 채린이에게 시선을 집중했다.

"채린아, 무슨 일이니? 왜 울고 있어?"

내가 물어봐도 채린이는 꼼짝하지 않았다. 오히려 울음소리만 점점 커질 뿐이었다.

아이들의 시선이 채린이에게 모일수록 불편해지는 것은 이 문제와 관련이 있는 아이들이다. 결국 그중에 한 명인 은경이가 먼저 말문을 열었다.

"선생님, 그게 아침에 채린이가 저랑 같이 학교에 가기로 했거든요. 놀이터에서 만나기로 했는데, 제가 좀 늦었어요. 그런데 저를 보자마자, 채린이가 휙 돌아서서 혼자 가버렸어요. 그리고 교실에 와서부터 울기 시작한 거예요."

은경이의 말에는 억울한 감정이 가득 담겼다. 그제야 채린이가 고개를 들고 눈물을 훔치며 말했다.

"저는 은경이랑 둘이서 학교에 가고 싶었는데, 설아와 연주가 함께 오는 거예요. 은경이는 그 친구들을 기다리느라고 저와 한 약속시간에 늦었고요."

설아와 연주의 이름이 거론되자, 설아도 다급하게 앞으로 나왔다.

"아니에요. 우리는 은경이랑 우연히 길에서 만난 것뿐이에요."

연주가 고개를 끄덕이며 맞장구를 쳤다. 아이들의 말이 달랐다. 고학년 여자아이들에게서 갈등이 빚어졌을 때 나타나는 흔한 현상이다. 그렇다고 이중에 누가 거짓말을 하고 있는 것은 아니었다. 그들은 모두 자신의 감정에 충실하여 변론하고 있었다. 단지 자신에게 불리한 몇 가지 정보를 말하지 않거나, 사실 왜곡의 여지가 있는 어투로 살짝 비틀어 말하고 있을 뿐이다.

"은경아, 약속시간에 조금 늦는다고 채린이에게 연락은 했니? 아침부터 혼자 기다리면 기분이 상할 수 있잖아."

"저, 카톡 보냈어요. 5분 정도 늦는다고."

"채린이도 그 카톡 봤어?"

"네."

은경이는 자신이 늦어서 채린이가 울고 있다고 말했지만, 채린이가 감정이 상한 포인트는 그게 아니었다.

"채린아, 은경이가 설아, 연주와 함께 온 게 속상했던 거야?"

"……."

"은경아, 아침에 설아, 연주와는 길에서 우연히 만났어?"

"네."

"아니에요! 애들이 서로 만나기로 약속한 거예요."

갑자기 채린이가 분한 목소리로 말했다.

"약속 안 했어요. 학교 가는 길에 우연히 만났다고요."

이번에는 설아가 눈을 부라리며 말했다.

"채린아, 이 친구들이 아침에 만나기로 약속했다는 걸 너는 어떻게 알았어?"

"분명히 카톡으로 연락했을 거예요. 매일 자기들끼리만 카톡을 하며 논단 말이에요."

"우린 카톡 안 했거든! 넌 증거 있어?"

설아가 채린이에게 소리를 질렀다.

"자, 둘 다 그만해! 이러다가 싸우겠다."

나는 감정이 격해진 아이들을 우선 떼어놓았다.

둘이서만 친하게 지내고 싶은데

나는 채린이를 먼저 따로 불러서 면담을 시작했다. 채린이는 은경이가 자기와 놀자고 해놓고서 자꾸 설아, 연주와 어울리는 것이 속상하다고 털어놓았다. 오늘 아침에 일어난 일은 빙산의 일각으로 그동안 쌓였던 감정이 폭발하는 기폭제가 되었을 가능성이 높았다.

"채린아, 그러면 설아, 연주, 은경이 이렇게 넷이 함께 다니면 되잖아. 다 같은 반 친구들인데……."

"……."

"채린이는 설아와 연주가 싫어?"

"……."

"괜찮아, 말해봐. 선생님에게 말한 것은 모두 비밀을 보장해줄게. 걱정하지 않아도 돼."

"그 애들은 항상 자기 마음대로 한단 말이에요. 둘이 단짝이니까 이길 수가 없어요. 그리고 셋이 모이면 꼭 제 흉을 봐요."

"뭐라고? 이런! 도대체 뭐라고 흉을 보는데?"

"직접 들은 것은 아니지만, 제 흉을 보는 게 분명해요. 저를 흘끗흘끗 보면서 자기들끼리 귓속말을 한단 말이에요."

채린이는 아침에 친구들이 따로 약속을 해서 만났고, 모여서 자기의 흉을 본다고 확신했다.

이번에는 설아, 연주, 은경이를 따로 불렀다.

"채린이는 너희들 셋이서만 같이 다니는 게 많이 속상한 것 같더라. 채린이도 같이 끼워주면 안 될까?"

"저희도 같이 놀자고 몇 번이나 말했어요. 그런데 그때마다 채린이가 거절했어요. 오늘 아침에만 해도 우리는 채린이를 보고 반가워서 손을 흔들었는데, 채린이는 우리를 보자마자 뒤돌아서서 가버리는 거예요. 그리고 교실에 와서 그렇게 큰소리로 엉엉 울어 버리니까 저희도 황당했죠!"

"혹시 너희들끼리 채린이 흉본 적 있어?"

다른 아이들은 우물쭈물하는데, 설아가 다시 나섰다.

"네, 솔직히 있어요. 걔는 우리가 하지도 않았는데 했다고 자기 혼자서 생각하고 우리한테 무조건 따져요. 아까 아침에 우리가 약속하고 만났다고 하는 것처럼 말이에요. 그러니까 우리도 화가 나서 채린이 흉을 본 거죠."

아이들이 서로에게 쌓인 감정의 앙금이 깊어보였다. 그동안의 오해를 풀고 넷이 잘 지내보면 안 되겠냐는 나의 제안을 아이들 모두 거절했다. 이렇게 되면 상황은 채린이에게 불리했다. 설아, 연주, 은경이는 채린이가 없어도 셋이 놀 수 있지만, 채린이는 혼자 남게 되기 때문이다.

나는 조용히 채린이를 다시 불렀다.

"채린아, 선생님이 이야기를 들어보니까 그동안 너 혼자 많이 힘들었을 것 같아. 어차피 설아, 연주, 은경이는 셋이 뭉쳐 다니니까 상관하지 말고, 채린이가 마음에 맞는 친구를 다시 만들어보면 어떨까? 우리 반에 좋은 친구들이 많잖아? 네가 원하면 선생님이 도와줄 수도 있어."

"……."

역시 대답이 없었다. 이번에는 그 의미가 너무 무거워서 나도 할 말을 잃고 말았다.

아무 대답 없는 채린이의 속마음에는 은경이와 둘이서만 친하게 지내고 싶다는 의미가 담겨있었다. 그런데 왜 하필 은경이일까? 두 아이의 특성을 놓고 볼 때, 은경이는 채린이와 그렇게 잘 맞는 기질은 아니었다.

채린이는 감정이 풍부한 아이다. 사람을 좋아하고 애교도 많았다.

그리고 한편으로는 사소한 일에도 잘 울고, 친구들의 소소한 쑥덕임에도 마음이 출렁이는 여린 아이였다. 반면 은경이는 무뚝뚝하고 수동적인 성격이라 먼저 나서기보다는 누군가를 지지하는 쪽을 더 좋아하는 아이였다. 사실 설아, 연주와 셋이 놀 때도 주로 이야기를 하는 쪽은 설아였고, 은경이는 그 말에 맞장구를 치는 것이 전부였다.

성격으로 볼 때 오히려 감정도 풍부하고 애교도 많은 설아가 채린이와 비슷했다. 생각이 여기에 미치자, 설아와 채린이가 서로 은경이를 두고 쟁탈전을 벌이고 있는 게 아닐까 하는 생각까지 들었다.

감정이 풍부한 아이들 중에는 상황을 주도하고 싶은 욕구가 강한 아이가 있다. 어떤 상황에서도 자기가 하는 말에 맞장구를 쳐주고 자기편을 들어줄 친구가 필요했다. 그러기에 가장 좋은 성격을 가진 아이는 바로 은경이었다. 아침에 은경이와 채린이가 싸웠을 때도 사실 자기의 입장을 더 적극적으로 말했던 아이는 당사자인 은경이가 아닌 설아였던 것만 봐도 알 수 있다.

어른도 어쩌지 못하는 아이들의 친구관계

"선생님, 제가 어제 채린이한테 이야기를 듣고 화가 나서 잠이 안 오더라고요."

소식을 듣고 채린이 어머니가 한달음에 달려왔다. 그리고 그동안 채린이가 친구들과 주고받은 카톡 내용을 내게 보였다.

요즘은 휴대폰과 인터넷이 발달하면서 아이들의 친구관계가 사이버 세상으로까지 옮겨갔다. 그런데 이 사이버 세상은 폐쇄적이고 개인적이라 부모나 교사가 접근하기 쉽지가 않다. 그러다 보니 어떤 때는 현실세계보다 훨씬 더 무법천지로 변하곤 한다. 그리고 재미있는 건 현실세계에서는 조용하고 내성적이라 자기표현을 잘 하지 않는 아이들 중에 유독 사이버 세상에서 만큼은 더 거칠어지고 난폭하게 변하는 경우도 있다.

채린이 어머니가 보여준 내용에도 유독 심하게 거친 말을 하는 아이가 있어서 누구일까 궁금했다. 확인을 해보니, 그 아이는 조용하고 말수도 없는 은경이었다. 내 눈을 의심할 수밖에 없었다. 놀라긴 채린이 어머니도 마찬가지인 모양이었다.

"저도 이 아이디가 은경이라는 걸 알고 정말 놀랐어요. 3학년 때부터 지금까지 은경이와 채린이는 단짝이었거든요. 그런데 어쩜 이럴 수가 있죠? 제가 너무 화가 나서 은경이네 집에 전화를 할까하다가 선생님을 먼저 뵙고 말씀드리는 게 좋을 것 같아서 찾아 온 거예요."

만약 채린이 어머니가 은경이네 집에 전화를 먼저 했다면 자칫 아이들 싸움이 어른들의 싸움으로 커졌을 수 있다.

나는 담임교사를 믿고 먼저 학교로 와서 의논을 해준 채린이 어머니에게 감사했다. 그리고 그동안 보아왔던 채린이의 특성을 이야기했다. 다행히 어머니는 상당 부분 내 이야기에 공감했다. 그래서 앞으로 신경 써서 지켜보면서 채린이의 기질을 살려, 다른 좋은 친구관계를 맺으며 생활할 수 있는 방법을 찾아보겠다고 약속드렸다.

그 뒤로 나는 꽤 오랜 시간 채린이를 상담하고 친구관계를 개선해 주는 데 공을 들였다.

고학년 아이들의 학교생활을 지도할 때, 나는 적어도 나에게 맞는 친구와 그렇지 않은 친구는 있을 수 있다고 가르치는 것이 옳다고 생각한다. 그래야 아이도 갑자기 친구관계로 힘들고 외로울 때 그 외로움과 두려움에서 좀 더 강한 마음을 가질 수 있기 때문이다.

자기감정에만 빠지다

고학년이 되면 남자아이들은 슬슬 말과 행동이 거칠어진다. 지금까지 잘하던 일들도 사사건건 왜 그래야 하냐고 따지기도 하고, 웬만한 잔소리에는 대꾸도 안 하는 모습으로 속을 긁기 일쑤다.

이런 남자아이들 틈에서 말을 조리있게 잘하고, 할 말이 있거나 다른 의견이 있을 때 당당하게 손을 들고 말할 줄 아는 아이가 돋보이는 건 당연한 일이다.

문제해결을 잘하는 아이

"선생님, 제 운동화가 없어졌어요."
아이들 하교가 한창인 시간에 한결이가 말했다.
학교에서 아이들의 물건이 없어지는 경우가 종종 있다. 이렇게 분실물 사고가 일어나면 나도 어지간히 골치를 썩는다. 일단 한결이의 운동화가 사라진 원인부터 파악하기 위해 나는 아이에게 물었다.

"마지막으로 운동화를 신은 게 언제였어?"

"제가 점심시간에 운동장에 나가 놀았거든요. 종소리 듣고 들어오면서 실내화를 갈아 신은 것까지는 분명히 기억나요."

"교실로 오다가 중간에 들린 곳은 없었어?"

"아, 맞다. 목이 말라서 정수기에서 물 마셨는데……. 혹시 거기에 두고 온 건 아니지 한 번 찾아볼게요."

그러더니 후다닥 교실을 뛰쳐나갔다. 대화를 다 마치기도 전에 나가버리는 녀석이 어이가 없기는 했지만, 그래도 스스로 해결하려고 노력하는 모습이 내심 기특한 생각이 들었다.

얼마 후, 아이가 숨을 헐떡이며 다시 돌아왔다.

"찾아봤는데, 거기엔 없어요."

"누군가 분실물센터에 가져다 둔 건 아닐까?"

"그래서 오는 길에 거기도 들러봤어요. 제 것이랑 비슷한 운동화가 있기는 했는데, 자세히 보니까 사이즈가 다르더라고요."

정말 꼼꼼하고 치밀함이 돋보였다. 그러더니 한 수 더 떠서 해결방법까지 내놓았다.

"선생님, 오늘은 그냥 실내화 신고 집에 갈래요. 내일 학교에 와서 친구들에게 한 번 물어봐야겠어요. 운동화가 좀 아깝긴 하지만 못 찾아도 할 수 없죠 뭐."

결국 한결이의 운동화는 끝내 찾을 수 없었지만, 그날 한결이가 보여준 태도는 오래도록 기억에 남았다. 한결이는 여느 아이들처럼 운동화를 잃어버린 속상함을 먼저 토로하지 않았고, 스스로 문제를 해결하려고 발 빠르게 찾으러 다니기까지 했기 때문이다.

한결이가 지닌 또 하나의 매력은 교실에서 일어나는 모든 일에 항상 주도적이고, 말도 잘한다는 것이다. 아이들끼리 애매한 상황이 생기면 항상 한결이가 나서서 설명하고 중재를 했다. 한결이가 중재에 나서면 나름대로 논리적인데다가 한결이의 엄청난 열정 때문에 아이들도 한결이 말을 수용하는 경우가 많았다.

여기서 한결이의 '엄청난 열정'이라 함은 발 빠른 행동과 큰 목소리를 말한다. 한결이는 친구들이 싸우거나 갈등이 생긴 장소에는 누구보다 재빠르게 달려갔다. 그리고 상황을 잠시 지켜보다가 파악이 되는 즉시 목소리를 높여 끼어들었다.

"야, 그러니까 보름이가 먼저 가지고 논 후에 강세가 가지고 놀면 되는 거네."

"아니, 그게 아니고 이건 내가 먼저 하기로 했다니까!"

한결이의 중재가 마음에 들지 않은 강세가 항의했다.

"친구끼리 뭐 그런 것 가지고 그러냐? 오늘은 네가 좀 양보해라. 보름이가 자주 양보했었잖아."

한결이는 한층 더 소리를 높여 강세를 나무라듯 말했다. 강세는 얼굴만 붉으락푸르락 하고 결국 한결이의 말을 받아들일 수밖에 없었다.

자기생각만 앞세우다가

친구들과의 상호작용을 주도하고 싶어 하는 한결이의 마음은 여러 가지 면에서 장점으로 작용했다. 친구들과 놀 때도 주도적인 모습을 보였고, 교실에서 심부름도 도맡아서 척척해냈으며, 학습상황에서도 누구보다 적극적으로 발표하고 모둠을 이끌어가는 모습을 보였다.

그런데 이 모든 장점들은 한결이와 서너 달만 생활하다보면 대부분 휘발되어 날아가 버렸다. 항상 상황을 주도하고 싶은 마음에 자기생각만 앞세우는 한결이의 태도가 문제였다. 한결이는 친구들과 놀이를 하는 상황에서도 이런 성향을 꽤 많이 발휘했다.

"우리 카드놀이 할래?"라고 먼저 놀이를 제안하는 것도 한결이었고, "나도 같이 하자." 하고 달려오는 친구에게 "안 돼, 우리끼리 먼저 게임을 시작했단 말이야." 하며 제지하는 것도 한결이었다. 게임을 하는 중간에도 한결이의 목소리는 쉴 새 없이 이어졌다.

"아, 그렇게 하면 반칙이지. 이건 안 된다니까!"

"아까도 그랬잖아. 안 되겠어, 넌 이제 빠져!"

내가 꽤 좋아했던 한결이의 낭랑하고 큰 목소리가 놀이상황에서는 다른 친구들의 의견이나 제안을 묻히게 했다. 안타깝게도 우리 반에서는 점점 한결이 때문에 힘들고 속상하다고 말하는 아이들이 늘어났고, 더불어 한결이와 갈등을 빚고 싸우는 아이들도 많아졌다.

나는 조용히 한결이를 따로 불러서 면담했다.

"한결아, 놀다보면 규칙을 안 지키는 아이들 때문에 답답하고 속상한 일이 많지? 그런데 말이야, 같은 말을 해도 말하는 사람의 태도나 표정에 따라 그 의미가 전혀 달라지기도 하거든. 친구의 잘못을 지적할 때 그렇게 큰소리로 세게 말하면 듣는 사람도 기분이 상하게 돼. 그러다 보면 서로 싸우게 되는 일도 자주 생기는 거지. 같은 말이라도 조금 작은 소리로 말하고, 표현도 상대방이 기분 나쁘지 않게 말하는 연습을 해보자."

"네, 알겠습니다."

아이는 심지어 자신이 잘못한 일은 언제든지 꾸짖어 달라는 말까지 덧붙였다. 하지만 그 말은 내게 진심으로 와 닿지 않았다. 이건 지금까지 한결이가 내게 보여주었던 패턴의 하나였기 때문이다. 선생님에게 듬직하고 예의 바른 모습을 보이는 방법으로 상황의 주도권을 잡는 것, 그래서 한결이의 말은 늘 행동으로까지 이어지지는 않았다.

자꾸만 반복되는 사소한 갈등들

내가 우려했던 일들이 2학기가 되면서 점점 현실로 나타났다. 한결이는 여전히 친구들의 잘잘못을 지적하고 다녔다. 또 무엇이든 자신이 먼저 하겠다고 나서는 행동도 여전했다. 먼저 하겠다고 자원하는 것은 좋은데, 문제는 다른 친구가 하고 싶어 할 때도 양보나 배려 없이 언제나 자기생각만 먼저 앞세운다는 점이었다.

그리고 그런 점은 내가 여러 번 이야기해도 고쳐지지 않았다. 오히려 자꾸만 내가 이야기하는 것에 대해 한결이는 점점 감정이 상했고, 자신은 잘못한 게 없는데 선생님이 계속 지적한다고 생각했다.

발야구를 하는 체육시간, 아이들은 한결이가 자꾸만 진로방해를 한다고 민원을 제기했다. 1루에서 2루로 상대편 주자가 뛸 때 한결이가 의도적으로 주자가 가는 길을 막아 방해한다는 것이다. 물론 이 말에 대해 한결이는 강력하게 부인했다.

"아니에요. 공을 받으려고 하다 보니 우연히 부딪친 거예요. 일부러 진로방해를 할 목적은 없었어요."

"한결아, 너도 일부러 그럴 마음은 없었다는 걸 알아. 하지만 다른 친구들은 한 번도 이런 소리를 듣지 않는데, 한 경기에서 너만 계속 듣는다는 것은 너에게도 어느 정도 원인이 있는 게 아닐까?"

"일부러 그런 게 아니라니까요!"

한결이는 강력하게 억울함을 호소하며 체육시간 내내 못마땅한 표정을 지었다.

그 후로도 한결이와 관련된 이런 일들이 반복되었다. 며칠이 멀다 하고 일어나는 사소한 갈등으로 아이와 실랑이를 하고 있자니, 나도 점점 힘들고 지쳐갔다. 나는 꼬일 대로 꼬여버린 실타래를 어디서 풀어야 할지 난감한 마음이 들었다.

나는 한결이를 다시 불러 이야기를 나눴다.

"선생님이 보기에 한결이는 정말 좋은 점이 많아. 그런데 한결이는 너무 자기생각을 말하는 것에만 신경 쓰다 보니 가끔 네가 잘못한 일에 대해 되돌아볼 수 있는 기회를 놓쳐버릴 때가 있어. 가끔은 마음으로 생각하고 받아들여야 하는 일도 있다는 걸 말하는 거야. 선생님 말 이해하지?"

한결이는 모든 상황을 자신이 통제하고자 하는 욕구가 앞섰다. 나와의 관계도 마찬가지였다. 아이가 점차 자신이 잘못한 일이든 아니든 선생님 말에 불만을 드러내며 반박하려드니, 어느 순간부터는 아이가 내 말을 들으려하지 않는다는 느낌까지 들었다.

다른 사람의 말에 논리적으로 반박하는 것은 좋지만, 적어도 자신이 잘못한 일에 대해서는 인정할 줄도 알아야 한다. 나는 한결이에게 이 말을 해주고 싶었다. 그래야 다른 사람들과 긍정적인 상호작용을 하면서 살아갈 수 있기 때문이다.

가끔은 힘을 빼고 때를 기다려야 하는 일이 있다. 내가 긴 시간 동안 고민한 끝에 찾은 답은 아이가 스스로 변화하고자 하는 의지가 생길 때를 기다려주는 것이다. 하나의 인격체로서 자기생각을 가지기 시작한 고학년 아이들을 대할 때도 그렇지 않을까 생각한다.

스스로 척척!

요즘은 맞벌이 부모가 보편화되면서 아이들에 대한 부모들의 고민도 함께 늘어나는 듯하다. 아이가 저학년 시기에는 아직 보살핌이 필요하기 때문에 부모의 마음도 편치 않고 걱정이 앞서는 게 어쩌면 당연한 일이다.

하지만 아이가 고학년이 되면 오히려 생활 속 일들을 스스로 해결해 나가는 능력이 더 빨리 발달하기도 한다. 또한 그런 경험들이 모여 학교생활이나 친구관계에서도 남다른 면모를 보이기도 한다.

물론 한 아이가 보이는 성장이 단지 부모가 맞벌이냐 아니냐의 변수만으로 결정되는 건 아니다. 다만 내가 보기에 아이의 교육은 함께하는 시간에 비례하지는 않는 것 같다. 적은 시간이라도 얼마나 아이에게 관심을 갖고 아이와 대화를 나누느냐에 달려있기 때문이다.

"지금은 별로 상관없어요."

고학년의 운동회 날은 저학년 때와는 사뭇 다르다. 저학년 때는 대부분의 학부모들이 참석하여 자녀들의 모습을 사진에 담고 물과 간식 등 이것저것 챙기곤 하지만, 고학년이 되면 참석하는 학부모 수부터 눈에 띄게 줄어든다.

아이들도 마찬가지이다. 저학년 때는 엄마가 오는지 안 오는지가 큰 관심사였지만, 고학년 때는 눈앞의 승부에 집착하고 옆의 친구들과 노느라 관심이 다른 곳에 가 있는 것을 볼 수 있다.

민정이 부모님은 맞벌이였다. 사실 엄마가 직장을 다니는 경우는 학교에 행사가 있을 때 가장 티가 나곤 한다. 상황이 여의치 않을 경우 아예 행사 자체에 참석할 수가 없기 때문이다. 운동회 날도 민정이 부모님은 오시지 못했다. 주변의 친구들은 부모님이 사진도 찍어주고 간식도 주고 했지만, 민정이는 별로 부러워하는 기색 없이 담담한 표정이었다. 나는 그런 민정이에게 다가가 말을 걸었다.

"오늘 엄마와 아빠 두 분 다 못 오시는 거지?"

"네."

"우리 집도 민정이네랑 비슷해. 선생님도 딸내미 운동회, 입학식, 졸업식에 하나도 참석 못했어. 왜냐하면 같은 날 선생님도 우리 학교에서 같은 행사를 해야 했으니까."

"아, 네!"

민정이는 공감하는 표정으로 고개를 끄덕였다.

"그래서 오늘 민정이 보니까 선생님 딸내미가 생각나서 말이야. 민정이는 오늘 같은 날 마음이 어떠니? 엄마가 못 오시는 것이 서운하지는 않아?"

"괜찮아요, 항상 그랬는데요."

고학년 특유의 시크한 표정을 지으며 대답했다.

"그 대답도 우리 집이랑 똑같다. 선생님 딸도 그렇게 대답했거든."

내 농담에 아이의 표정이 좀 더 부드럽게 풀렸다.

"사실 1, 2학년 때는 서운한 마음이 들기도 했어요. 하지만 엄마도 어쩔 수 없으니까 그런 거잖아요. 그래서 지금은 별로 상관없어요. 엄마가 학교에 오거나 안 오는 것이 중요한 것은 아니니까요."

야무지고 당찬 대답이었다. 아이는 직장생활로 바쁜 엄마를 이해하는 과정을 통해 나름대로 세상에 대한 가치관도 함께 깨닫고 있었다. 민정이 말이 맞았다. 운동회는 아이들이 함께하는 학교행사 중 하나일 뿐, 굳이 부모님이 참석해야 할 이유는 없었다. 부모님이 오고 안 오는 것이 중요한 것이 아니라, 내가 운동회를 어떻게 즐기고 참여하느냐가 더 중요한 문제였다. 민정이를 통해 나도 한 수 배운 느낌이었다.

사실 민정이는 1학년 때 내가 가르쳤던 아이다. 키도 작고 내성적인 성격에 수줍음도 많은 아이였다. 하지만 시간이 지날수록 민정이는 야무지게 학교생활에 적응하는 모습을 보였고, 2학기 무렵에는 같은 반의 말썽꾸러기 친구조차도 기지를 발휘하여 단번에 제압하는 면모를 보였다.

고학년이 되어 다시 만난 민정이는 부쩍 성장해 있었다. 말수가 없고 잘 나서지 않는 성격은 여전했지만, 조용히 있다고 해서 수줍고 내성적이기만 한 것은 아니다. 수업시간에는 눈을 반짝이며 집중하는 모습을 보였고, 내가 지나가듯이 한 말들도 기억하고 있다가 꼼꼼하게 행동으로 옮기곤 했다. 그리고 내가 민정이의 진가를 다시 확인한 것은 친구들과의 관계에서 보인 모습 때문이었다.

관계를 현명하게 풀어가는 아이

어느 교실에나 장난이 도를 넘는 말썽꾸러기들이 한 명씩은 존재한다. 그들은 마치 삶 자체가 재미를 위해 태어난 것처럼 틈만 나면 온갖 장난을 일삼는다. 문제는 그 장난 때문에 다른 사람이 괴롭거나 본인이 다칠 수 있다는 사실을 염두에 두지 않는다는 점에 있다.

저학년 때는 이런 아이들이 이리 뛰고 저리 뛰며 모든 아이들을 괴롭히지만, 고학년이 되면 상황이 좀 달라진다. 나름대로 상대를 가려서 장난을 친다. 보통 희생양이 되는 아이들은 이들의 장난에 감정적인 변화를 보인다는 공통점을 가진다. 울거나, 짜증을 내거나, 선생님께 이르거나, 소리를 지르거나 하는 것이다.

하지만 교실의 모든 아이들이 말썽꾸러기 친구들에게 당하기만 하지는 않는다. 민정이처럼 현명한 아이들은 나름대로 말썽꾸러기 친구를 대응하는 방법들을 하나씩 가지고 있다.

예를 들면 직접 상대하면 어차피 감정만 상하게 된다는 것을 잘 알기 때문에 적당히 거리를 두고 갈등의 소지를 아예 만들지 않는 방법으로 대응하는 아이들이 있다. 그들은 말썽꾸러기 친구들이 다가오면 자연스럽게 자리를 피하고, 그들의 심한 말에도 대꾸하지 않고 그냥 넘긴다. 반응이 없으면 심심해져서 곧 타깃을 바꾼다는 것을 잘 알고 있는 것이다.

또 겉으로는 말썽꾸러기 친구들과 잘 지내는 것 같지만, 조금만 더 들여다보면 관계를 적절하게 잘 조율하면서 대응하는 아이들도 볼 수 있다. 친구가 도를 넘어 강하게 나오면 함께 강한 모습으로 맞대응을 한다. 그러다가 친구가 풀이 죽어 조용해지면 다시 온화한 모습으로 부드럽게 대하며 마음을 풀어 줄줄도 아는 것이다.

어느 날인가 민정이가 무엇인가 할 것이 있는데, 서율이가 자꾸 와서 말을 걸자 민정이 표정에 귀찮아하는 기색이 역력했다.

"아, 알았다고! 그런데 나는 지금 독서록 써야 해, 있다가 하자."

"지금 하자고~! 독서록은 나중에 써도 되잖아."

"난 지금 하기 싫다니까!"

"왜 하기 싫어? 지난번에는 너도 좋다고 했잖아."

서율이가 끈질기게 말하자, 급기야 민정이가 들고 있던 공책을 책상에 거칠게 내려놓으며 단호하게 말했다.

"그냥 너 혼자 해! 난 하기 싫다고!"

민정이의 눈치를 살피던 서율이는 조용히 옆에서 입을 다물었다. 독서록을 쓰는 민정이를 그대로 바라보고 있다가, 종이 울리자 자기의 자리로 돌아갔다.

나는 서율이가 마음이 상했겠다 싶었다. 그런데 서율이는 다음 쉬는 시간에도 역시 민정이에게로 달려갔다. 그러더니 이번에는 그냥 민정이 옆에서 턱을 괴고 앉아 있었다. 민정이도 처음에는 모른 척하다가 결국 서율이의 애정 공세에 피식 웃음을 터뜨리고 말았다.

"아, 진짜! 알았어. 뭐? 뭐하고 싶은데?"

그러더니 둘은 금세 키득거리며 단짝 모드로 돌아갔다.

둘의 관계를 가만히 보니 상담 때 서율이 어머니가 했던 말이 떠올랐다.

"선생님, 우리 아이는 민정이 바라기예요. 민정이 말이라면 엄마 말보다 더 잘 듣는다니까요."

서율이는 감정형 기질의 아이였다. 평소에도 하고 싶은 말이 있으면 수업시간에도 불쑥 내뱉곤 했다. 다소 내성적인 민정이와는 대조적인 성격이었다. 그런데 언제부턴가 부쩍 둘이 자주 붙어 다니는 일이 많아졌다. 내가 보기엔 항상 서율이가 먼저 민정이에게 다가가는 편이었다. 쉬는 시간에 민정이 옆 자리가 비면 어느 틈엔가 서율이가 가서 앉았다. 그러곤 민정이에게 이것저것 말을 걸고 이거 하자 저거 하자 제안도 많이 했다. 겉으로 보기에는 서율이가 자기가 원하는 대로 관계를 리드하는 것 같지만, 정작 둘 사이는 그렇지 않았다.

민정이는 말수가 적은 편이었지만, 평소 교실의 다른 친구들 상황을 나름대로 잘 파악했다. 그러면서도 그 능력을 자신에게 유리하게만 사용하지 않고, 도움이 필요한 친구에게는 먼저 손을 내밀 줄도 알았다. 그에 비해 서율이는 다른 친구들과도 너무 자기감정만 앞세우다 갈등을 빚는 경우가 많았다. 서율이가 유독 민정이하고만 친하게 지낼 수 있었던 건 친구관계를 현명하게 풀어가는 민정이 덕분이라는 생각이 들었다.

스스로 야무지게 척척!

아침 등교시간, 교실에 도착한 민정이가 가방에서 독서록을 꺼내 앞으로 가지고 나왔다. 그러고 보니 오늘은 독서록 검사를 하는 날이었다. 그런데 내 책상 앞에는 달랑 두 권의 독서록이 놓여있었다. 운동회다 현장학습이다 분위기가 들떠있어서 대부분의 아이들은 독서록 숙제를 미처 챙기지 못한 것이다.

그런데 멀쩡히 독서록을 가지고 나오던 아이가 책상 위의 공책 개수를 보더니 잠시 발걸음을 주춤했다. 그러더니 독서록을 낼까 말까 고민하는 기색이 역력했다. 이러지도 저러지도 못하고 있는 모습에 아이의 마음이 훤하게 보여 빙그레 웃음이 났다.

"민정아, 독서록을 가져왔으면 선생님한테 내야지 왜 안절부절 못하고 서 있어?"

"아, 저 그게……."

"너 지금 친구들이 거의 안 낸 걸 보고 낼까 말까 망설이는 거지? 혼자 튀고 싶지 않아서 말이야."

"네."

민정이는 속마음을 들킨 듯 빙그레 미소를 지으며 대답했다.

참 특이한 녀석이었다. 다른 아이들 같으면 이럴 때 얼씨구나 하고 당당하게 냈을 것이다. 속으로 숙제 안 낸 친구들은 혼나겠구나 생각하는 녀석도 있을 것이고, 남들과 비교하지 않고 그저 내 할 일을 마쳤으니 그것으로 됐다 생각하는 녀석도 있을 것이다. 그런데 민정이는 숙제를 낸 친구의 숫자가 극히 적을 경우 그게 누구의 것인지 한눈에 보이는데, 그렇게 남들 눈에 부각되는 것이 부담스러웠을 것이다.

민정이는 불안기질이 높은 아이였다. 그러다 보니 어렸을 때부터 야무지게 자신이 할 일을 스스로 하곤 했다. 잘했다고 칭찬을 받기 위해서가 아니라, 제대로 하지 않으면 본인의 마음이 더 불안했기 때문이다.

더구나 맞벌이 부모 밑에서 자라다 보니 본의 아니게 스스로 해결해야 할 순간들도 많았다. 덕분에 민정이는 주변 상황들을 남들보다 예민하게 볼 줄 알았고, 그 불안을 빨리 해소하는 방법으로 본인의 능력을 키울 수 있었다.

내가 다시 만난 민정이는 그렇게 자신이 할 일을 야무지게 챙기면서 여물게 성장해있었다.

불안기질이 높은 아이라도 어렸을 때부터 늘 엄마가 옆에서 하나하나 챙겨준 아이의 경우에는 성장했을 때 전혀 다른 양상을 보이기도 한다. 자신의 불안한 마음을 대부분 엄마가 해결해주니까, 자연스럽게 엄마에게 짜증을 내는 일이 많아진다. 생활 속에서 일어나는 자잘한 일들엔 언제나 크고 작은 불안이 동반되기 마련인데, 그럴 때마다 그 불안을 해소하기 위한 방법으로 엄마를 찾다보니 어쩌면 자연스러운 결과다.

조금 뒤처졌던 아이

아이들 중에는 발달이 남들보다 한 단계씩 느린 아이들이 있다. 키나 운동능력처럼 눈에 보이는 신체적 발달뿐만 아니라, 눈에 보이지 않는 인지적 발달도 마찬가지이다.

하지만 좀 더 긴 시간을 두고 보면 아이들이 발달하는 속도에도 개인차가 있다는 것을 알 수 있다. 저학년 때 뒤처졌던 아이들이 오히려 성장하면서 발달속도가 빨라져서 고학년이 되면 역전상황이 벌어지기도 한다.

과거의 상처를 받아들이는 상반된 모습

갑자기 교실에서 난투극이 벌어졌다. 현수와 재훈이가 말다툼을 하는가 싶더니 맞붙어 싸우기 시작한 것이다. 으르렁대며 서로에게 달려드는 두 녀석을 떼어놓느라 한참 진땀을 뺐다.

현수는 아직도 분이 안 풀린다는 듯 씩씩댔고, 재훈이는 억울하다며 울먹였다. 싸운 이유를 물어보자, 재훈이가 먼저 대답했다.

"현수가 저한테 먼저 욕 했어요."

말이 끝나기 무섭게 현수가 끼어들었다.

"아, 그건 재훈이에게 한 말은 아니었단 말이에요."

상황을 들어보니, 어제 현수가 우리 반 단체 카톡에 욕을 올린 모양이다. 현수의 주장대로 그 욕은 재훈이를 향한 것은 아니고, 불특정 다수를 대상으로 한 거였다. 그런데 재훈이는 그 욕이 자기를 대상으로 한 거라 생각해서 오늘 학교에서 따졌던 모양이다. 이것이 그 시끄러웠던 난투극의 전모였다.

아이들 중에는 누군가 자신을 놀리거나 욕을 하면 단 1초의 망설임도 없이 맞붙어 싸우는 아이가 있다. 이 아이들은 상대가 자신을 얕보지 못하게 강하게 응징해야 한다는 생각을 가지고 있기 때문에 말리는 일도 쉽지 않다. 게다가 이런 아이들은 대부분 놀림을 받으면 억울한 감정을 강하게 폭발시키는데, 사실 이런 반응이 다른 친구들에게 놀림을 유발하는 악순환의 고리가 되곤 한다.

이렇듯 아이들의 싸움은 어느 한쪽의 문제만으로 시작되지 않는다. 현수는 평소 내재되어 있던 자신의 부정적인 감정을 표출할 기회를 찾았고, 재훈이는 어렸을 때부터 주변 친구들의 놀림에 민감해 자신에 대한 욕으로 받아들여 대응한 것이다.

이 사건을 접하고 학부모 상담시간에 만난 재훈이 어머니 말이 생각났다.

"선생님, 우리 재훈이는 어렸을 때부터 키도 작고 몸도 왜소했어요. 축구를 좋아하는데, 키가 작으니까 발도 느리고 운동실력도 뒤떨어져 친구들이 재훈이를 잘 안 끼워주려고 한다더라고요. 한글도 남들보다 좀 늦게 깨우치다 보니 친구들이 받아쓰기 점수 가지고 많이 놀렸어요. 그때 상처가 아직도 남아있는지 아이가 지금도 시험을 보면 스트레스를 많이 받네요."

남들보다 뒤처지는 아이를 바라보는 부모의 마음이 느껴졌다. 하지만 이런 발달의 차이는 보통 저학년 때 가장 크게 나타나다가 서서히 간극이 좁혀지면서 고학년이 되면 거의 비슷한 수준을 보인다. 5학년 때 재훈이를 처음 만난 내 눈에 비친 재훈이는 여러 모로 아주 건강한 남자아이였다. 지금은 재훈이도 신체적으로나 인지적으로 더 이상 남들보다 뒤처지지 않았다.

어머니의 이야기는 이미 몇 년 전의 일일 뿐이다. 물론 저학년 때의 일이 아이 마음속에 아직 상처로 남아있을 수 있다. 하지만 현재를 어떻게 살아가느냐에 따라 어렸을 때의 상처는 치유될 수도 있는 법이다.

내가 가르친 아이들 중에 재훈이와 똑같은 상황의 아이가 한 명 더 있다. 바로 도성이었다. 도성이는 1학년 때도 가르친 적이 있는데, 여러 가지로 내 속을 태웠던 아이다. 일단 아이의 말을 들으려면 기나긴 인내심이 필요했다. 도성이는 숨을 한 번 길게 들이쉬고 침을 꼴깍 삼킨 후, 아주 천천히 말을 더듬거리면서 이야기를 시작했기 때문이다. 거기다 한글을 읽고 쓰는 것도 매우 더뎌서 같은 반 친구들보다 학습능력도 뒤처졌다.

5학년이 되어 다시 만난 도성이의 그 느릿느릿한 기질은 여전했다. 먼저 묻지 않으면 말하는 일도 거의 없었고, 질문을 해도 한참 동안 생각하며 뜸을 들이고 말했다. 1학년 때는 다른 아이들에 비해 키도 작은 편이었지만, 지금은 그리 작은 키도 아니다.

그런데 도성이는 친구들의 웬만한 장난에 꿈쩍하지 않고 잘 받아주거나 웃어넘기는 스타일이었다. 이런 모습은 재훈이와 사뭇 달랐다.

표현은 더디지만, 내면은 단단하게!

2학기가 끝나가던 어느 날, 화가 나서 얼굴이 시뻘게진 도성이의 얼굴을 보았다. 애써 참고 있었지만 눈물이 곧 떨어질 기세였다. 씩씩대며 내게 온 도성이의 뒤로 엉거주춤 뒤따라오는 강세가 보였다.

"선생님, 저 강세 때문에 참을 수가 없어요. 강세가 자꾸만 팔을 잡고 돌리며 장난을 치는데, 제가 하지 말라고 몇 번이나 말했거든요. 그런데 강세는 계속하고……."

가뜩이나 말이 느린 아이가 감정까지 복받치다보니 말하는데 아주 오랜 시간이 걸렸다. 하지만 도성이는 애써 감정을 누르며 정확하게 상황을 설명하려고 노력했다. 두 아이의 평소 성격을 보았을 때, 강세가 깐죽대며 어지간히 괴롭혔던 모양이다.

"강세야, 이리 와. 너 도성이가 이렇게 화가 난 모습 본 적 있어, 없어? 선생님은 생전 처음 봐. 너 도대체 무슨 짓을 한 거야?"

강세는 장난을 좋아하지만 마음은 건강한 아이였다. 이미 도성이가 폭발했을 때부터 잘못을 뉘우쳤는지 내 말에도 아무 대꾸 없이 고개만 숙였다.

"강세는 오늘 벌 좀 받아야겠어. 남아서 교실청소하고, 앞으로 일주일 동안 점심시간에 운동장에 못 나가고……."

그런데 내 말이 미처 끝나기도 전에, 갑자기 도성이가 끼어들었다.

"선생님, 저 그게 아니고요……."

나를 막아선 도성이를 보고, 잠시 멍해진 나는 도성이의 다음 말을 기다렸다.

"제가 너무 화가 나서 강세를 발로 세게 찼어요."

"뭐?"

믿을 수 없다는 표정으로 강세를 바라보자, 그제야 강세도 억울한 표정을 지어 보이며 바짓가랑이를 들어서 시퍼렇게 멍이 든 종아리를 내게 보여줬다.

나는 두 녀석의 태도에 피식 웃음이 터져 나왔다. 그러니까 도성이는 강세를 이르러 온 게 아니었다. 혼자 힘으로도 이미 충분히 응징을 하고 난 후였지만, 단지 친구를 때려 멍들게 한 것에 대해 스스로도 잘못이 있다고 생각했기 때문에 나에게 온 것이다.

강세도 마찬가지였다. 적어도 내게 야단을 맞으며 서 있지 않을 명분은 충분히 있었다. 여느 아이들 같았으면 자기도 도성이에게 맞았다는 말을 먼저 소리 높여 말했을 것이다. 그런데 강세는 도성이가 충분히 화날 만큼 자기가 짓궂었다는 것을 스스로 알고 있었기 때문에 다리가 멍들어 아프긴 했지만 뒤따라와서 묵묵히 꾸중을 듣고 있었던 것이다.

그날 이후 나는 도성이를 다시 보았다. 표현은 더디고 느렸지만, 아이의 내면은 충분히 단단해져 가고 있었다. 아이들의 상호작용에서는 이렇게 부모나 선생님의 도움 없이 스스로 문제를 해결할 수 있는 능력을 갖추는 게 중요하다.

그리고 이 일로 한 가지 더 깨닫게 된 것이 있다. 친구들의 놀림에 도성이 같은 태도를 보이면 나를 포함한 어른들은 친구들이 얕보지 않을까 걱정을 하기 마련이다. 그런데 현수와 같이 부정적인 감정으로 친구를 놀리고 싸움을 거는 아이들은 정작 도성이를 상대하지 않는다. 현수 입장에서는 아무리 장난을 쳐도 받아주지 않는 도성이에게 재미를 못 느끼는 것이다. 오히려 조그만 미끼에도 금방 낚이는 재훈이가 더 만만한 상대였으리라.

혹시 아이의 어렸을 적 일로 아직도 마음 한쪽이 짠하다면 부모의 감정을 잠시 내려놓고 아이를 객관적인 시선으로 바라보길 권한다. 어쩌면 마음 짠한 그 아이는 내 마음 속에만 있을 뿐, 지금 내 눈앞의 아이는 완전히 건강한 다른 아이가 되어 있을지도 모를 일이기 때문이다.

소극적이지만 때로는 주도적으로

교실에서 아이들을 보고 있으면 친구가 혼나는 모습만 봐도 자기가 더 긴장해 정해진 규칙을 벗어나는 행동은 절대 하지 않는 아이가 있다. 그러한 아이들 중에는 소극적인 성격에 불안감이 지나치게 높은 아이도 있다.

아이가 내성적인 성격에 말수도 적고 매사에 너무 소극적이라면 부모는 내심 걱정이 많을 수밖에 없다. 아이가 학교생활에 잘 적응하지 못하는 것은 아닌지, 억울한 일을 당해도 표현하지 못해서 불이익을 당하거나 마음에 상처를 입는 건 아닌지 걱정스럽기 때문이다.

하지만 이런 아이들도 고학년이 되면서 차츰 변화를 보인다.

눈도 마주치지 못하고, 안절부절 못하는 아이

"보름이 학교에 일찍 왔구나. 부지런한걸!"

나는 아침 일찍 등교한 아이를 반갑게 맞았다. 다른 아이들도 없는 시간이니 편하게 그간의 이런저런 일들을 물어보고 싶었다.

그런데 아이는 어색하게 "네."라는 짧은 대답만 남기고 스르르 자리를 피했다. 잔뜩 긴장해서 어쩔 줄 몰라 하는 표정이 역력했다. 보름이의 성격을 잘 알기에 아쉽지만 나도 더 이상 다가가지 않았다.

그런데 시간이 지나도 보름이의 이런 태도는 나아지지 않았다. 단순히 말수가 적어서 걱정한 것은 아니다. 평소에 말수가 적어도 걱정이 안 되는 아이들도 많다. 그들은 일단 표정이 안정적이다. 긴장하거나 안절부절 못하는 모습은 찾아보기 힘들다. 오히려 남들 말에 잘 휘둘리지 않고 나름대로 뚝심을 가진 아이들이 말수가 적은 경우도 있다.

그런데 보름이는 좀 달랐다. 내가 무슨 말을 할 때마다 뭔가 불안한 모습을 보였다. 눈도 잘 마주치지 못하고, 금방이라도 그 자리를 뜨고 싶은 사람처럼 안절부절 못했다. 원래 긴장을 잘하는 아이니까 조금 시간이 걸리려니 생각했는데, 몇 달이 지나도 달라지지 않았다.

일단 나는 아이를 지켜보기로 했다. 그렇게 보름이를 살펴본 결과, 아이는 나름대로 잘 따라오고 있었다. 대부분의 학습상황에서 중상위권을 차지하고 있었음은 물론이고, 주어진 학습 과제물들도 착실하게 잘 해냈으며, 모둠활동에서도 언제나 열심히 해서 친구들 사이에서 신뢰도 높았다.

영화 '인사이드아웃'을 보면 사람의 머릿속에서 벌어지는 각각의 감정 캐릭터들의 이야기가 나온다. 누구나 상황에 따라 화나고, 까칠해지고, 슬퍼지기도 하지만, 평상시 가장 긴 시간 동안 그 사람을 대표하는 주된 감정은 한 가지로 표현될 수 있다.

영화 속 주인공의 기본 감정이 밝고 귀여운 '기쁨'이었다면, 보름이의 머릿속에서 주된 키를 잡고 있는 감정 캐릭터는 '수줍음'이 아닐까 생각되었다. 수줍음이 많다 보니 자연스럽게 말수도 적어지고 조용한 성격을 가지게 된 것 같다. 그래서 언뜻 보기에는 아이가 너무 소심한 것이 아닐까, 학교생활에 무슨 문제가 있는 것이 아닐까 걱정되어 보이지만 실제 보름이에게는 그런 모습이 가장 편하고 안정적이었을지도 몰랐다.

때로는 논리적으로, 때로는 주도적으로!

여름이 다가올 무렵, 우리 반의 한 아이가 운동을 하다가 다쳐서 병원에 입원하는 일이 생겼다. 그런데 생각보다 입원기간이 꽤 길어졌다.

"선생님, 지혜가 입원한 병원이 어디에요? 문병가고 싶어요."

친구를 걱정하는 아이들의 마음이 기특하고 예뻤지만, 보호자도 없이 버스 몇 정거장이나 되는 거리를 아이들끼리 다녀오게 하는 것이 마음이 놓이지 않았다.

"문병을 가는 것은 좋은데, 선생님은 너희들끼리 다니다가 혹시 다치거나 사고가 나지는 않을까 걱정이 돼."

"괜찮아요. 제가 지혜 입원한 병원이 어딘지 알아요. 3번 마을버스 타고 가면 돼요."

"그래? 난 버스비 없는데……."

"난 학원 때문에 못 가."

"그럼 시간되는 사람들끼리만 같이 가자. 오늘 병원에 같이 갈 사람은 손 들어봐."

한 아이의 제안에 여기저기서 아이들이 손을 들었다. 족히 열 명은 되어보였다. 갑자기 분위기가 떠들썩해지자, 예서가 조심스럽게 말했다.

"저…… 그런데요, 선생님! 제가 어제 지혜에게 문병을 가겠다고 문자를 보냈거든요. 지혜가 답을 했는데요, 지혜 어머니가 병실에 다른 사람들도 많은데 친구들이 여러 명 와서 시끄럽게 하는 것이 부담스럽다고 나중에 퇴원하면 집으로 놀러오라고 그러셨대요."

듣고 보니 그 마음도 이해가 되었다. 아이들은 서너 명만 모여도 자기들끼리 장난을 치며 떠들썩해지기 쉽다. 다른 곳이라면 모를까 환자들이 있는 병원에서는 눈치가 보일 수 있었다.

나는 이 부분에 대해 아이들과 함께 이야기를 나눠보기로 했다.

"예서가 좋은 의견을 주었네. 우리가 병문안을 가는 것은 누구를 위한 일일까?"

"지혜를 위한 일이죠."

"그런데 병원에는 지혜 말고 다른 환자들도 있기 때문에 방해가 될 수 있어요. 지혜네 가족은 그런 점이 부담스러울 거예요."

"와, 어떻게 병문안 오는 것을 싫어할 수 있지? 난 병원에 있을 때 심심해서 누가 와주면 좋겠던데……."

한결이가 어이없다는 표정으로 말했다. 몇몇 아이들은 그 말에 동의하며 그래도 병문안을 가자고 했다. 나는 이 상황이 아이들에게 진정한 배려를 가르칠 수 있는 좋은 기회라는 생각이 들었다.

"내가 좋아하는 일이라고 해서 남들도 다 똑같이 좋게 느끼지는 않아요. 우리 반 친구들 중에서 한 번 조사해보자. 나는 입원했을 때 누군가 병문안 오는 것이 좋다고 생각하는 사람은 손들어보세요."

예상대로 대다수의 아이들이 손을 들었다.

"좋아, 그럼 이번에는 병원으로 병문안 오는 것이 부담스러울 수도 있다고 생각하는 사람 손들어보세요."

그러자 몇몇 아이들이 손을 들었다.

"보세요. 소수이긴 하지만 다르게 생각하는 사람들도 이렇게 있어요. 이 친구들 중에서 혹시 이유를 설명해줄 수 있는 사람?"

그때였다. 보름이가 조심스럽게 손을 들었다. 나는 내 눈을 의심했다. 이렇게 보름이가 먼저 이야기를 하겠다고 손을 든 것은 처음이었기 때문이다.

"병원에 입원하면 몸이 아플 때인데, 그때 누군가 방문하면 오히려 더 신경이 쓰여 잘 쉬지 못할 수도 있어요. 같은 병실에 있는 다른 환자들 눈치도 보이고요."

말하는 중간 중간 긴장해서 목소리가 떨리기는 했지만, 보름이는 자기의 생각을 논리적으로 잘 설명했다. 덕분에 몇몇 아이들도 고개를 끄덕였다.

"진정한 배려란 내가 하고 싶은 것보다는 상대방의 기분과 감정을 먼저 생각해주는 거예요. 여러분이 병문안을 가고 싶은 마음을 그대로 전하면서, 지혜를 진심으로 배려해줄 수 있는 방법은 없을까요?"

"친구들이 지혜에게 편지를 써서 전해주면 좋을 것 같아요."

보름이가 머뭇거리며 다시 말했다. 정말 좋은 아이디어였다. 아이들도 모두 찬성했다. 보름이 덕분에 지혜 병문안은 모두가 만족할 수 있는 방법으로 마무리 지을 수 있었다.

우리는 커다란 편지지에 모두 한두 마디씩 응원의 메시지를 적었다. 그렇게 편지가 모두 완성되었을 때, 보름이가 내게로 걸어 나와서 조용히 말했다.

"선생님, 이 편지 제가 가져다줄게요."

"응? 이 편지를?"

예상치 못한 보름이의 말에 나는 당황스러웠다. 누가 다가가도 늘 한걸음 물러나던 아이가, 처음으로 주도적으로 찾아와 말을 건넨 것만으로 놀랄 일인데, 도대체 이 편지를 왜 자기가 가져다주겠다는 건지 이해할 수 없었다.

"지혜가 우리 윗집에 살거든요. 엄마가 지혜 엄마랑 친하세요."

이제야 모든 것을 이해할 수 있었다. 보름이는 지혜와 이웃사촌으로 엄마들끼리 친해서 지혜네 가족 분위기를 잘 알고 있었다. 친구들이 우르르 병문안을 가면 지혜네 가족이 당황하고 좋아하지 않을 수 있다는 것도 알고 있었기에, 자신의 의견을 적절한 순간에 말한 것이다. 사실 보름이가 그렇게 말해주지 않았다면, 병문안을 가겠다는 우리 반 아이들을 제대로 납득시키는 게 쉽지 않았을 것이다.

시간이 지날수록 존재감이 드러나다

오늘 보름이가 보여준 행동은 지금까지의 걱정을 한순간에 날려버리기에 충분했다. 무엇보다 보름이 내면에 간직했던 힘을 볼 수 있었던 것이 나는 가장 기뻤다. 내가 확인한 보름이의 힘은 세 가지였다.

먼저, 타인의 감정을 이해하고 배려하는 힘이다. 지혜의 병문안에 대해 이야기할 때 대다수의 아이들은 친구들과 병문안 갈 마음에 들떠 내 말을 잘 이해하지 못했다. 하지만 보름이는 달랐다. 선생님의 말뜻을 정확하게 이해했기 때문에 적절한 순간에 도움이 되는 의견을 제시했다. 그건 아마 평소에도 보름이가 타인의 감정을 잘 살필 줄 아는 힘을 가졌기 때문일 것이다. 평소 자주 만났던 지혜 어머니의 기질로 볼 때, 같은 병실의 사람들에게 피해를 주고 싶지 않은 마음이 강하리라는 것을 바로 이해했던 것이다.

보름이가 가진 두 번째 힘은 논리적으로 이해하고 설득하는 능력이다. 대부분의 아이들은 감정적으로 배우는 힘이 강하기 때문에 상대방에 대한 진정한 배려가 무엇인지 설명했을 때 이해가 안 된다는 표정이었지만, 보름이는 그 논리를 따져 고민해보다가 좋은 아이디어까지 제안했다. 자신의 의견과 다를 때 '왜 안돼요?' 하면서 떼를 쓰는 아이들과 달리 혼자 곰곰이 그 까닭과 원인을 따져보고 맥락이 이해되면 그대로 자신의 것으로 수용할 줄 아는 능력, 이러한 능력은 세상을 배워나가고 성장하는 데 중요한 덕목이 될 수 있다고 믿는다.

마지막 세 번째는 자신이 필요하다고 생각되는 순간에는 주도적으로 나설 줄 아는 힘이다. 먼저 말하지 않았다면 보름이네와 지혜네 가족의 관계를 몰랐을 거고, 편지를 전달하는 일도 굳이 하지 않아도 됐을 것이다. 나는 보름이가 남들의 시선이 한꺼번에 쏠리는 것을 얼마나 부담스러워하는 하는 아이인지 잘 알고 있는 까닭에 먼저 자원해준 것이 놀라웠고, 보름이가 용기를 내준 것이 고마웠다.

2학기가 되면서 재미있는 일이 펼쳐졌다. 보름이는 여자아이들 사이에서 꽤 인기 있는 존재로 부상하여 여러 건의 고백을 받았다. 보름이가 거절하는 통에 단 한 번도 커플로 성사되지는 않았지만!

남자아이들 사이에서도 축구경기를 할 때마다 서로 보름이를 자기 편으로 데려가려고 신경전을 펼치는 일이 자주 벌어지곤 했다.

이렇게 보름이가 시간이 지날수록 친구관계에서 두각을 나타낸 것은 아이에게 꼬인 감정이나 과한 감정이 없다는 점 때문이다.

아이들의 관계를 살펴보면 어른의 세계와 별반 다르지 않다. 아직 어린아이들이지만 시간이 지나면 사람의 진가를 알아볼 줄 안다는 점이 특히 그랬다. 학기 초에 적응을 잘 못하고 어려움을 겪는 아이들도 시간이 지나면서 자연스럽게 아이들과 융화되곤 한다. 저학년 때는 다소 힘들 수 있어도 고학년이 되면 주변에서 그 아이의 진가를 알아보고 먼저 다가오는 일이 생기기 때문이다.

2장

학습과 진로

일등을 좇는 아이들
vs
열등감에 갇히는 아이들

고학년이 되면 아이들은 성적 때문에 심한 스트레스를 받는다. 공부를 잘하는 아이는 잘하는 대로, 못하는 아이는 못하는 대로 힘겹다. 그도 그럴 것이 그동안 학교생활을 하면서 알게 모르게 성적으로 인한 부정적인 경험들이 많이 쌓였기 때문이다.

하지만 초등학교 성적은 중·고등학교 때 얼마든지 바뀔 수 있다. 지금 성적이 좋지 않은 아이들도 자신이 해낼 수 있으리라는 긍정적인 마음을 유지한다면 그 시기는 달라도 언젠가는 자신의 목표를 향해 의욕을 불태울 수 있다.

이때 중요한 게 바로 아이의 자존감이다. 어떤 아이든지 내면에는 자신만의 에너지를 가지고 있다. 주변에 의해 훼손되지 않는다면 누구나 자신의 역량을 발휘할 자신만의 황금시간을 가지고 있다는 것을 믿고 기다려주어야 한다.

목표는 언제나 백점!

요즘 교육의 방향은 혼자서만 잘하는 인재보다 여럿이 힘을 합쳐 결과물을 만들어낼 줄 아는 인재, 즉 창의성과 인성을 함께 겸비한 인재양성을 지향한다. 그러다 보니 교과과정에서도 모둠을 이루어 함께 배우는 활동이 점점 늘어나는 추세이다. 수행평가를 할 때도 모둠별로 평가하는 영역이 들어간다.

하지만 이렇게 아이들에게 꼭 필요한 활동과 평가들이 실제 교육현장에서 적용할 때는 쉽지 않다. 제각각 개성이 다르고, 학업성취도가 다른 아이들이 서로 도우며 배우고 함께 결과물을 만드는 것이 그리 만만한 일은 아니기 때문이다.

함께 활동하며 생기는 갈등

"선생님, 미주는 정말 대단해요! 시험만 보면 모든 과목이 항상 백

점이에요."

학기 초, 우리 반 아이들이 미주에 대해 내게 처음 해준 말이다. 나는 아이들이 당사자 앞에서 그런 말을 하면 미주가 민망하지 않을까 생각하며 아이를 흘긋 보았다. 그런데 미주의 표정이 재미있었다.

보통의 아이들은 칭찬하는 말을 들으면 쑥스러워서 그만하라고 말하거나, 혹은 적당히 자랑스러워하며 으쓱거리기 마련이다. 하지만 미주는 이미 수도 없이 들어서 아무렇지도 않다는 표정이었다. 아이들이 그렇게 치켜세우는 것에 어떤 감정의 변화도 보이지 않고 그저 앉아서 읽던 책만 보고 있었다.

미주는 친구관계도 원만해보였다. 딱히 친하게 지내는 단짝은 없었지만, 친구들과 갈등 없이 두루두루 잘 지냈다. 그러던 미주에게 친구들과 갈등을 겪는 일이 생겼다. 과학탐구대회가 시발점이었다.

과학탐구대회는 세 명의 아이들이 모둠을 이루어 주어진 주제에 대하여 아이디어를 내고, 실험을 진행한 후에 내용을 정리하여 발표하고, 그에 대한 찬반토론까지 진행하는 대회이다. 사실 초등학생 수준에서 하기에는 어려운 부분이 많기 때문에 과학 분야에 관심도 많고 똑똑한 아이들이 참가지원을 한다.

이 대회에 미주를 포함한 세 명의 아이들이 지원했다. 아무래도 평소에 공부를 잘하는 아이들이라서 나도 내심 기대가 되었다. 아이들은 방과 후에 모여 주어진 주제에 대하여 어떻게 실험을 진행할지 열심히 아이디어를 모으고 자료도 수집하였다. 틈틈이 점검해보니 나름대로 실험계획도 잘 세우고 대회 준비가 원만하게 이루어지고 있는 듯했다. 그런데 보고서도 어느 정도 완성이 되어, 실제 대회에서 발표할 연습만 남은 시점에서 갑자기 일이 터졌다.

"선생님, 대회가 일주일밖에 남지 않았는데, 미주가 갑자기 빠지겠대요. 그렇게 되면 인원이 모자라서 우리는 대회에 나갈 수도 없는데 말이에요."

어느 날, 미주와 함께 대회를 준비하던 보영이와 은서가 내게 하소연을 했다.

"그동안 열심히 준비했는데, 갑자기 왜? 혹시 미주한테 무슨 일이 있었니?"

"저희가 발표자를 정하는데 의견충돌이 있었어요. 보영이가 중심 내용을 발표한다고 하니까, 미주가 자기가 하고 싶다는 거예요. 사실 준비하면서 우리 의견을 접고 양보하면서 미주의 의견을 받아준 적이 많았어요. 그런데 발표까지 미주가 하겠다고 하니까, 그건 좀 아니라는 생각이 들어서 보영이와 제가 반대했어요."

협동작업을 하면서 흔히 생길 수 있는 갈등이었다. 나는 미주를 따로 불렀다.

"미주야, 과학탐구대회에서 빠지기로 했다며? 친구들한테 서운한 점이 있었니?"

"아뇨, 별로요. 그냥 혼자서 다른 대회를 준비하는 걸로 마음이 바뀌었어요."

미주는 별일 아니라는 듯 무표정한 얼굴로 대답했다.

"그래도 친구들과 지금까지 준비해온 것이 아깝잖아. 너 혼자 빠지면 다른 친구들도 대회를 못 나가게 될 텐데……. 혹시 네가 탐구대회 발표를 맡고 싶었니?"

"그건 아니지만 보영이가 하면 제대로 하지 못할 것 같았어요. 그럼 상을 받지 못하잖아요."

"그래? 선생님이 보기에는 보영이도 꽤 잘하는 친구야. 해보지도 않았는데 못할 것 같다는 생각으로 기회를 주지 않는 건 옳지 않은 것 같아!"

"제가 보고서에 들어간 자료들을 거의 다 준비했는데, 보영이가 저보다 더 잘하기는 어렵죠."

자료준비 이야기를 하면서 미주의 감정이 조금 상기되었다.

"그런데 그 친구들이 자료준비를 안 한 게 아니라, 나름대로 네 의견을 받아주느라고 양보한 거잖아."

미주는 잠시 머뭇거리더니, 다시 무표정한 얼굴이 되어 말했다.

"아무튼 저는 이번에는 빠지기로 했어요. 엄마가 그렇게 하래요."

마지막 말이 마음에 걸렸다. 그 말을 하는 아이에게서 평소에 볼 수 없었던 강한 힘이 느껴졌기 때문이었다. 아무래도 미주 어머니와 상의를 하는 편이 좋겠다고 생각했다.

사소한 일도 혼자서 결정을 못하는 아이

"선생님, 그렇지 않아도 그 일 때문에 미주가 많이 속상해했어요."

전화기 너머로 들리는 미주 어머니의 목소리는 염려했던 것과는 달리 밝았다. 나는 안심하고 미주가 대회에 나갈 수 있도록 설득해달라고 부탁했다.

"어머, 아니에요! 선생님, 그건 우리 미주가 하지 않겠다고 한 게 아니고, 보영이가 미주에게 '그럴 거면 넌 빠져.'라고 했대요. 미주는 안 하는 게 아니라, 보영이 때문에 못 하는 거예요."

뭔가 이야기가 서로 달랐다. 다시 보영이를 불러서 물어보았다.

"제가요? 전 그렇게 말한 적 없어요. 빠지겠다고 말한 건 미주예요."

이렇게 서로 이야기가 다를 때는 삼자대면을 할 수밖에 없다.

나는 미주, 은서, 보영이를 모두 한자리에 불렀다. 그리고 세 아이가 갈등을 시작하게 된 경위를 하나씩 짚어가며 물어보았다.

긴 대화 끝에 상황이 하나로 정리되었다. 결국 먼저 나가겠다고 말한 것은 미주가 맞았다. 그래도 혹시나 싶어 보영이가 나가라고 말한 적이 있는지도 물어보았다. 그런데 누구의 기억에도 보영이가 나가라고 말한 적은 없었다. 이 또한 미주 어머니의 이야기와 달랐다. 그렇다고 어머니까지 삼자대면을 할 수도 없는 노릇이었다.

지금 중요한 것은 누구의 말이 진실이고, 누가 거짓말을 했느냐가 아니었다. 세 아이의 갈등을 해결하고 대회에 무사히 참가할 수 있게 하는 일이었다. 여럿이 함께 모여 작업을 하다보면 이런저런 갈등은 생길 수 있게 마련이고, 그런 과정을 극복해나가는 지혜를 아이들에게 가르치는 게 더 중요했기 때문이다.

다행히 보영이가 먼저 해결의 실마리를 제공해주었다. 자신의 집으로 미주와 친구들을 초대한 것이다. 나는 내심 기뻐하며 잠시 대회 준비는 잊고 맛있는 음식을 먹으면서 셋이 즐겁게 놀다오라고 말했다. 그런데 엄마한테 물어봐야 한다면서 미주가 거절했다.

나는 미주 어머니께 따로 연락을 드렸다. 하지만 미주 어머니 역시 내키지 않은 눈치였다.

"말씀은 감사한데요, 그날 미주가 학원 스케줄 때문에 시간이 안 되네요. 미주도 별로 가고 싶지 않은 눈치고요."

나중에는 보영이와 은서가 모든 것을 양보하고 미주에게 발표를 맡겼지만, 여전히 미주는 미온적인 태도를 취하며 엄마에게 물어봐야 한다고 했다. 그러더니 다음 날 역시 과학탐구대회는 나가지 않겠다고 말했다. 보영이와 은서, 그리고 나도 힘이 빠지고 말았다.

고학년이 되면 대부분의 아이들이 사소한 일은 스스로 결정하는 경우가 많다. 그런데 미주는 무엇을 물어봐도 엄마에게 물어봐야 한다며 대답을 회피했다. 그리고 미주 어머니에게 물어보면 미주가 싫어한다는 이유로 거절했다.

결국 세 아이의 갈등은 해결하지 못했고, 과학탐구대회는 미주 대신 다른 아이가 참가하는 방법으로 마무리되었다.

물론 이 과정도 순탄하지만은 않았다. 미주 어머니가 미주가 준비한 자료는 절대로 쓰면 안 된다고 엄포를 놓았기 때문에, 나머지 아이들은 그동안 준비한 내용을 모두 버리고 전혀 다른 방향으로 새롭게 진행하느라 빠듯한 시간에 쫓겨야 했다. 그러다 보니 아무래도 대회에서 좋은 성적을 거두지 못했다. 나와 두 아이들에게 안타깝고 아쉬움이 많이 남는 일이었다.

선택과 결정은 모두 엄마 몫

그 일이 있고 나서, 평소에 감정변화 없이 항상 평온하게만 보이는 미주의 얼굴이 마음에 걸리기 시작했다. 그리고 미주가 했던 행동들에 대해 여러 가지 의문이 들었다.

'미주는 누구보다 적극적으로 대회를 열심히 준비했는데, 어째서 그렇게 쉽게 포기하고 다른 선택을 했을까?'

'과학탐구대회에서 자기가 발표하고 싶었던 게 미주의 진심이었다면 결국 미주에게 발표기회가 주어졌을 때 왜 하지 않았을까?'

미주는 공부도 잘하고 마음도 착한 아이였지만, 어떤 선택을 할 때 무슨 일이든 스스로 결정하지 못했다. 미주에게는 '~을 하고 싶다.', '~을 하기 싫다.', '재미있을 것 같다.' 등의 주관적인 생각이 없어 보였다. 그저 자기에게 주어진 일들을 척척 해내기만 할 뿐이었다. 선택과 결정은 모두 미주 어머니의 몫이었다. 그러니 칭찬을 받아도 무표정이었고, 열심히 준비했던 과학탐구대회를 못 나가게 됐어도 마음이 평온했고, 심지어 그 일로 친했던 친구관계가 서먹해졌는데도 미주는 아무렇지도 않은 표정이었다. 1년 동안 지켜보면서 미주가 화를 내거나, 속상해하거나, 슬퍼하거나, 기뻐하는 모습을 거의 본적이 없다. 미주는 어떤 상황에서도 항상 괜찮다고 말하며 평온한 모습을 유지했다.

걱정되는 문제는 하나 더 있었다. 그런 미주가 유일하게 자기감정을 보일 때가 있었는데, 바로 시험결과에 대한 것이었다. 좀 더 정확히 말하면 시험을 잘 봤을 때는 감정표현을 하지 않았는데, 시험에서 백점을 맞지 못하거나 틀린 문제가 생겼을 때만 감정을 보였다. 그것도 속상해하거나 슬퍼하는 것이 아니라, 틀린 문제에 전전긍긍하는 모습이었다.

매번 시험을 볼 때마다 모든 과목이 백점이던 미주는 2학기 중간평가에서 안타깝게도 수학에서 한 문제를 틀리고 말았다. 채점결과를 받자마자 미주는 바로 내게 왔다. 자신이 쓴 답이 왜 틀렸는지를 물어보기 위해서였다. 내가 틀린 이유를 설명해주자, 아이는 '아~!' 하더니 조용히 자리로 돌아가 앉았다. 그런데 다소 창백한 얼굴로 안절부절 못하며 들어가는 아이의 표정이 마음에 걸렸다. 아무래도 내심 걱정이 되어 나는 미주 어머니에게 전화를 걸어 시험결과에 대해 따로 말씀을 드렸다.

"평소 꼼꼼하게 공부하던 아이여서, 미주도 분명 그 문제의 답을 알고 있었을 거예요. 아마 교과서에 나오지 않은 단어가 걸려서 더 어렵게 생각했던 모양이에요. 그 단어가 아니었으면 분명 맞았을 문제인데, 한 문제를 틀려서 정말 안타까워요."

미주 어머니는 내가 '미주는 백점 맞을 실력이 확실하다!'라는 말을 여러 차례 반복한 후에야 안도하는 것 같았다.

그 대화를 통해 미주 어머니가 중요시 여기는 것은 '미주가 언제나 최고가 되어야 한다.'는 것이 아닐까 하는 생각이 들었다. 과학탐구대회에서도 미주가 대표로 나서서 발표를 못하게 된 게 감정이 상해서 극단적인 선택을 한 것이다. 과학탐구대회를 준비하면서 미주가 친구들과 갈등을 겪을 때, 미주 어머니는 감정이 격해져서 '아이들이 우리 미주를 너무 무시한다.'는 말씀을 하셨다. 하지만 전교 일등만 하는 미주는 친구들 사이에서도 언제나 그 실력을 인정받는 아이였기에 미주 어머니의 말은 얼토당토않은 말이었다.

어찌 보면 미주 어머니의 그런 생각과 태도는 미주가 열심히 공부하는 데 원동력이 되었을지도 모른다. 결과적으로 졸업할 때까지 미주는 전교 일등의 성적을 유지하면서 교내외의 여러 가지 상까지 많이 받았으니 말이다.

하지만 시간이 꽤 지난 지금도 나는 미주를 떠올리면 무덤덤한 평소의 얼굴과 시험성적의 결과로 안절부절 못하는 얼굴, 이 두 가지 모습만 오버랩 된다. 그리고 두 얼굴 모두 마음 한구석이 짠해지기는 마찬가지였다.

　많은 부모들은 좋은 대학을 나와 좋은 직장을 다니면 아이에게 행복한 삶이 펼쳐지리라 생각한다. 하지만 행복도 연습하고 배워야 손에 쥘 수 있다. 친구들과 함께하며 조금은 양보하고 배려하며 느끼는 즐거움, 자신의 성취에 대해 스스로 뿌듯하게 느끼는 마음, 삶에서 느끼는 소소한 감정들은 어린 시절부터 조금씩 경험하며 배워나가는 것이다.
　지금 우리 아이들에게 가장 중요하게 챙겨주어야 할 것은 당장 눈앞의 성적이 아니라, 삶의 이러한 행복들이 아닐까?

실수할까봐 두려워요!

아이들 중에 공부를 잘하는데, 시험만 보면 망치는 아이들이 있다. 여러 번 연습하고 풀어서 완벽하게 알고 있는 문제도 시험에서 어이없는 실수로 틀리곤 한다. 물론 아직 아이들이 어리다 보니 시험을 볼 때 실수로 문제를 틀리는 일은 누구에게나 다반사로 일어난다. 시험성적에 예민한 아이라면 더 긴장해서 실수할 가능성이 높다.

하지만 그중에서도 유독 시험을 볼 때면 긴장도가 높아지고, 지나치다 싶을 정도로 실수가 잦은 아이도 있다. 이렇게 실수가 잦은 아이는 스스로 내적인 요인에 의해 이런 모습을 보이는 경우가 많다.

기질이 예민한 아이

"어휴! 선생님, 말도 마세요. 진짜 속상해요. 글쎄 어려운 문제는 다 맞혀놓고 아주 기본적인 문제에서 실수하니까 점수를 다 깎아 먹잖아요. 시험 볼 때 문제를 찬찬히 살펴보라고 그렇게 주의를 주는데도 소용이 없어요."

영아 어머니는 도대체 뭐가 문제인지 모르겠다며 한참 동안 속상한 마음을 토로하셨다. 그래서 영아 어머니와 상담 이후, 나는 영아의 학습태도를 좀 더 주의 깊게 들여다보기로 했다.

"화장실 세면대에서 물감이 묻은 붓을 씻을 때는 장난치면 안 된다고 했지요? 선생님이 화장실에 가 보니까 여기저기 바닥과 벽에 물감이 떨어져 있고, 화장실이 엉망이 되어있더라고요."

미술시간 후, 한바탕 나의 잔소리가 시작되었다. 그러자 목격자 아이들의 증언이 쏟아졌다.

"선생님, 현수가 물감 묻은 붓을 여기저기 막 뿌리며 아이들한테 장난치는 것 봤어요."

"저는 하지 말라고 했는데요, 다른 애들이 먼저 저를 물감으로 공격했어요."

한순간에 교실 분위기는 어수선해졌고, 잘못을 저지른 몇몇의 아이들은 자구책을 마련하기 위해 분주해 보였다. 나는 이름이 불리어진 아이들을 불러 자초지종을 들어보기로 했다.

그때였다. 화장실 사건에 이름도 거론되지 않은 영아가 내게 와서 잘못을 고백했다.

"선생님, 사실 저도 붓을 세면대에서 씻었어요. 그런데 종이 쳐서 제대로 뒷정리를 못하고 온 것 같아요."

영아는 예민한 기질을 지닌 아이였다. 내가 우리 반 아이들을 야단칠 때, 정작 본인에게는 해당되지 않는 일인데도 흠칫 놀라며 긴장하곤 했다. 영아는 한 번도 학급규칙을 어긴 적이 없는 아이였다. 늘 긴장한 모습으로 내 말을 잘 듣고 언제나 규칙대로 행동했다.

"영아야, 괜찮아! 오늘 문제가 된 곳은 남자화장실이야. 여자화장실 쪽은 그렇게 지저분하지 않았어. 혹시 신경 쓰이면 다음 쉬는 시간에 가서 마저 치우고 오면 돼."

아이는 그제야 안심하는 눈치였다. 그러고 보니 영아는 아까 내가 교실에서 잔소리를 시작할 때부터 마음을 졸이고 있었던 모양이다. 사실 조금만 사태를 살펴봤어도 이 문제의 대부분은 남자아이들에게 해당하는 일이라는 것을 알 수 있었을 텐데 말이다.

그런 정황을 파악한 눈치 빠른 몇몇의 여자아이들은 내가 남자아이들을 혼내는 동안 옆에 앉은 친구들과 소곤소곤 이야기를 나누고 있었다.

불안한 마음

나는 영아의 이런 모습을 보면서 학부모 상담시간에 영아 어머니가 했던 또 다른 말이 떠올랐다.

"1학년 때 받아쓰기를 하면 선생님께서 빨간색연필로 채점을 해주시잖아요. 그런데 영아가 자신이 틀린 문제의 채점 자국을 지우개로 문질러 지운 거예요. 그때 제가 틀려도 괜찮다고, 틀린 문제는 열심히 공부해서 다음에 잘 보면 되는 거니까 다음부터는 그러지 말라고도 했어요. 그런데 영아는 그게 안 되는 모양이에요. 늘 틀린 문제에 대한 집착이 너무 심했어요."

받아쓰기 시험점수에 대해 엄마가 괜찮다고 하는데도 틀린 문제를 지우려했던 행동을 보면 아마도 영아의 예민한 기질은 타고난 본성에 더 가까운 모양이었다. 타고난 기질이 예민하다 보니 어떤 결과에 대해 받아들이는 감정도 남들보다 훨씬 더 큰 것이다. 그리고 예민한 아이들에게 가장 취약한 감정 중 하나가 바로 '불안'이다. 누가 뭐라 그러지 않았는데도 스스로 불안한 것이다. 나는 아이의 마음을 조금씩 이해할 수 있었다.

이런 아이들은 학교에서 아주 모범적인 모습을 보인다. 자신에게 주어진 일은 누가 뭐라고 하지 않아도 알아서 다하기 때문이다. 청소 당번도 빠지지 않고, 공부도 열심히 하고 성적도 좋다. 어디 그뿐인가. 학교숙제는 하늘이 두 쪽이 나도 반드시 해야 하는 것으로 안다. 남들과의 약속, 규칙을 지키는 일에 있어서는 거의 강박적일 정도로 열심인지라 남들에게는 항상 칭찬을 받는다. 하지만 정작 그 과정에서 아이는 스스로 긴장을 많이 하기 때문에 스트레스를 많이 받는다.

아마도 영아는 이런 마음 때문에 시험문제에서도 실수를 많이 하는 것 같았다. 아이는 틀리지 않으려고 열심히 하지만, 정작 그러면 그럴수록 더 긴장하다 보니 결과는 더 나빠지는 것이다.

　영아의 문제를 해결하기 위해서는 아이의 '불안한 마음'을 관심 갖고 지켜봐주는 것이 중요했다.
　영아 어머니도 이 부분은 잘 알고 있었다. 그래서 늘 아이에게 '괜찮아. 실수해도 괜찮고, 시험을 망쳐도 괜찮으니 불안해하지 말고 네 실력만큼만 풀어라.'라고 말씀해주신다고 했다. 하지만 여기에는 중요한 핵심이 빠져 있었다. 영아의 불안한 마음은 그저 괜찮다고 말해준다고 해서 괜찮아지는 것이 아니기 때문이다.
　감정은 주관적이어서 남이 괜찮다고 말해준다고 해서 괜찮아지지 않는다. 불안한 감정은 그 불안 속에 충분히 있으면서 그에 따른 두려움에 익숙해지고 나서야 스스로 극복할 수 있는 힘도 생긴다. 그래서 나는 영아가 느끼는 불안에 함께 있어주기로 했다.

실패 속에서 의미 찾아주기

　어느 날 수학시험을 보고 난 후 역시나 영아의 표정이 어두웠다. 슬쩍 가서 시험지를 봤더니 어려운 문제는 다 맞았는데, 역시 기본적인 문제에서 두 개를 틀렸다.
　"와, 이 문제 어려웠는데 잘 풀었네! 우리 반에서 영아 혼자서 맞은 것 같은데?"

나는 잘한 부분을 먼저 치켜세워줬다. 하지만 예상대로 아이는 무반응이다. 불안과 긴장에 압도되어 있는 아이는 자기가 잘한 부분에 대해 스스로 인정하는 힘도 생기지 않는 모양이었다.

이번에는 아이가 느끼는 불안과 마주보기! 나는 영아 옆에서 틀린 문제를 찬찬히 함께 쳐다보았다. 영아는 그런 내가 신경 쓰였는지 슬쩍 시험지를 가렸다.

"그 녀석들이 오늘 하루 종일 영아를 괴롭히겠구나!"

"네?"

아이는 의아한 얼굴로 나를 쳐다보았다.

"오늘 틀린 두 문제 말이야. 영아도 알고 있었는데 실수한 거잖아."

"네."

영아는 다시 표정이 어두워졌다.

"그러니 그 녀석들이 오늘 두고두고 영아 마음을 괴롭히고 다니지 않겠어? 밥 먹다가도 생각나고 잠자기 전에도 생각나서 한숨 나게 하고 말이야."

아이가 피식 웃더니 한마디 거들었다.

"화장실에 있을 때 생각나기도 해요."

"진짜? 정말 고약한 녀석들이네."

우리는 잠시 말없이 있었다. 침묵을 깨고 내가 다시 말을 이었다.

"선생님이 그 녀석들을 혼내줄 수는 없지만, 속상한 영아 말을 들어줄 수는 있어. 그 녀석들과 싸움은 그렇게 이기는 거야. 선생님이 어려우면 친한 친구나 엄마에게 이야기해도 되고!"

다음 날, 나는 영아에게 슬쩍 물어보았다.

"어제 녀석들이 어디 어디 출몰했어? 화장실, 식탁, 침대 위까지?"

영아는 피식 웃더니 작은 소리로 말했다.

"침대 위는 아니었어요."

"그래? 침대는 녀석들로부터 사수했구나."

그렇게 아이는 불안에 조금씩 직면하는 방법을 배워갔다. 영아에게 있어 실패의 극복은 바로 실패에 따른 불안을 받아들이는 과정에서부터 시작되어야 했던 것이다.

영아 덕분에 나도 한 가지 배운 게 있다. 바로 실패에 대한 의미를 아이들에게 찾아주는 방법이었다.

성장과정에 있는 우리 아이들은 크고 작은 실수들을 많이 한다. 우리 어른들은 그 실수에 대해 괜찮다고 말해주며 용기를 북돋아주려고 한다. 하지만 사실 용기는 그런 방법으로 북돋아지지 않는다. 진정한 용기는 자신의 실수와 실패를 잘 기억하고 있는 사람에게 찾아온다. 실패할 수도 있다는 걸 잘 알지만, 그럼에도 한 번 해보는 것이 용기이기 때문이다.

시험도 마찬가지이다. 잘한 결과에 대해 칭찬을 해줄수록, 어려운 문제를 맞힌 것에 대해 칭찬을 많이 해줄수록 아이들은 반대로 '실패는 하면 안 되는 것', '실패는 나쁜 것'으로 인식하기도 한다. 거기에 영아처럼 불안하고 예민한 기질까지 갖춘 아이에게 실수는 더 크게 불안한 존재로 다가오는 것이다.

    학습에서 실패와 실수는 꼭 필요한 과정이다. 따라서 실수와 실패를 그대로 받아들이는 태도도 가르칠 필요가 있다. 그러기 위해서는 말이 아닌 감정으로 그 속에 아이와 함께 있어주는 것이 무엇보다 중요하다고 생각한다.

학원숙제 때문에…

　대부분의 부모는 아이들을 학원에 보낼 때 학원수업 시간만 생각해서 하루 시간표를 짠다. 하지만 실제 학원을 보내고 나면 추가로 요구되는 게 있다. 바로 학원숙제를 하는 시간이다.
　학원에서 내주는 숙제의 양이 그때그때 다르기 때문에 아이들의 하루 일과에 숙제를 위한 시간을 계산해서 넣기가 쉽지 않다.
　이런저런 이유로 아이들은 학원숙제를 위한 시간을 본인이 알아서 내야 하고, 결국 아이의 학교생활에 그 여파가 끼친다.

수업시간에 몰래 학원숙제를 하다

　모처럼 화창한 날씨에 대부분의 아이들은 점심을 먹고 운동장으로 나가 친구들과 놀기에 여념이 없었다. 그런데 교실 한구석에 남아 있는 몇 명의 아이들이 보였다. 가까이 가보니 그중 대부분은 밖에서 노는 것보다 안에서 노는 것을 더 좋아하는 아이들이었다. 종이에 그림을 그려가며 수다가 한창 꽃을 피우고 있었다.

그런데 그 아이들 중에 혁재는 혼자서 무척이나 심각한 모습이었다. 가까이 가서 보니, 아이는 수학문제집과 한창 씨름 중이었다.

"혁재야, 수학 공부하는 거야? 대단한대!"

내 칭찬에 아이는 억울한 표정으로 대꾸했다.

"그게 아니라요, 학원숙제 하는 거예요."

그러더니 나한테 문제집을 이리저리 넘기며 오늘까지 해야 하는 학원숙제가 얼마나 많은지 보여주었다. 하루만에 해야 하는 숙제의 양으로는 지나치게 많아 보였다.

"정말 이렇게 많아? 지난 시간에 숙제를 안 해가서 양이 더 늘어난 건 아니고?"

"아니에요. 우리 학원은 숙제를 매일 이만큼씩 내준다고요."

아이는 억울함에 목소리까지 높여서 항변한다.

점심시간이 끝나고 국어시간이 되었다. '초등학생의 스마트폰 사용'에 대한 토론을 하기로 한 날이었다. 가뜩이나 교실에서도 스마트폰 사용 때문에 문제가 많이 생기기 때문에 나는 더 진지하게 토론을 진행해보기로 했다.

"스마트폰은 사실 게임하기 위해 사는 아이들이 더 많아요."

"맞아요. 재미있는 게임을 하는 것도 중요하죠."

게임에 대한 아이들의 생각을 허용해주자, 여기저기서 아이들의 말문이 터지기 시작했다. 부모님이 게임을 못하게 한다는 푸념부터, 게임을 많이 하면 눈이 나빠진다는 의견 등 자기들끼리 갑론을박하며 열띤 토론을 벌였다. 사실 이런 시간이야말로 아이들이 자신의 생각을 이야기하고 다른 사람의 의견을 경청하며 반박하는 의견도 내놓기 때문에 살아 숨 쉬는 교육이 이루어지는 시간이다.

특히 이런 토론수업에는 적극적이고 앞에 나서서 말하는 것을 좋아하는 아이들이 더 열심히 참여한다. 하지만 "얘가 좋은 의견이 있대요."라며 가만히 있는 짝꿍의 손을 드는 등 장난을 치는 아이, 다른 사람의 의견에 대해 문제점을 지적하는 데에만 집중하는 아이, 나름대로 주제에 대해 진지하게 생각하고 좋은 아이디어를 제시하는 아이, 수업시간에 공부를 하지 않는 것만으로 만족하며 조용히 딴짓하며 노는 아이 등 토론수업에 참여하는 모습들도 각양각색이다.

나름대로 활발한 모습을 띠는 아이들의 모습을 기특해하던 중에 혁재가 눈에 들어왔다. 혁재는 시끌벅적한 교실 분위기와 동떨어져 열심히 수학문제집을 풀었다. 아무래도 아이의 학원 스케줄을 체크해봐야 할 필요가 있었다.

다른 아이들도 이 정도는 해요

혁재의 방과 후 시간들은 월요일부터 금요일까지 빽빽하게 짜여 있었다. 매일 두 개의 학원은 기본으로 가고, 토요일에도 문화센터 수업과 논술수업까지 한다고 했다. 다니는 학원의 종류는 예체능부터 국·영·수까지 과목별로 매우 다양했다.

힘들지 않느냐는 내 질문에 혁재는 잘 모르겠다고 대답했다. 그러더니 잠시 후 체념한 듯 한숨과 함께 조용히 말했다.

"어차피 소용없어요. 내가 아무리 힘들다고 해도 엄마는 학원에 계속 보낼 거예요."

학부모 상담시간, 나는 혁재 어머니에게 혁재가 다니는 학원들에 대해 이야기를 꺼냈다. 하지만 혁재 어머니의 반응은 단호했다.

"저도 혁재가 힘들어 한다는 걸 알죠! 그래도 우리 아이가 다른 아이들에 비해 많이 하는 것도 아니에요. 다들 이 정도는 기본으로 하니까요. 악기와 한자도 해야 하는데, 그건 시작도 못하고 있는 걸요."

물론 학원숙제가 많은 것에 대해서도 공감하는 입장이었다.

"네, 제가 봐도 좀 많을 때가 있어요. 그래도 매일 그런 것은 아니니까요. 숙제가 좀 많을 때는 밥을 빨리 먹고 시작하면 되는데, 아이가 그걸 잘 못해요. 30분만 딱 집중해서 하면 금방 끝낼 것을 지지부진하면서 자꾸만 시간을 끌어요. 멍하니 딴 생각을 하기도 하고요."

"아이가 이미 하루에 써야 할 에너지를 다 썼기 때문이 아닐까요? 학교 끝나자마자 학원까지 다녀오고 난 후 저녁시간이면 이미 지쳐버렸을 수 있어요."

"그러니까요. 딱 30분만 후딱 끝내고 쉬면 좋은데 말이죠."

어른들이 볼 때 30분 만에 끝낼 수 있는 일이 아이들 입장에서는 전혀 다르게 느껴질 수 있다. 또 그날그날의 상태에 따라 쉽게 끝내는 날도 있고 그렇지 않은 날도 있다. 문제는 그날의 컨디션에 따라 달라지는 편차를 고려하지 않고, '지난번에는 30분 만에 했으면서 오늘은 왜 못하는데?' 하며 매일 똑같은 잣대를 들이대려고 하는 점이다.

물론 우리 반에는 혁재와 비슷한 스케줄을 군말 없이 소화해내고 있는 아이들도 있다. 어쩌면 혁재 어머니의 기준은 그 아이들에 맞춰져 있는지도 모른다.

하지만 내가 학교에서 만나는 아이들은 저마다의 특성이 매우 달랐다. 그런 스케줄에 익숙한 아이가 있는가 하면, 그렇지 못한 아이들도 있다. 사실 혁재도 힘들지만 잘 따라가고 있는 아이에 해당했다. 하지만 그렇게 힘들게 따라가느라고 정작 혁재가 챙기지 못하는 것들이 있다는 게 문제였다.

혁재는 학원숙제와 일정을 챙기는 것에 있어서만큼은 모범생이었다. 하지만 학교수업은 좀 달랐다. 똑똑한 아이였기 때문에 티가 날 정도로 빠지지는 않았지만, 토론수업 등 조금 여유 있는 시간에는 슬쩍 수업에서 빠졌다.

그런데 혁재가 빠져나가는 시간들은 대부분 교사인 내가 가장 중요하게 생각하는 시간들이었다. 시험을 보거나 무언가 결과물을 내야 하는 시간은 아니지만, 자신만의 생각을 정리해보고 생생하게 자기감정을 표현하는 시간들, 어쩌면 가장 살아있는 교육이 이루어지는 시간에 아이는 늘 조금씩 뒷전으로 빠지곤 했다.

학원에 다니지 않으면 불안해요

학원문제에 대해서 부모님이 억울해하는 지점은 한 가지 더 있었다. 혁재가 힘들어하면 어머니도 안쓰러운 마음이 들어 '힘들면 학원 끊어줄까?'라고 물어본 적이 많았다는 것이다. 그럴 때마다 오히려 아이가 괜찮다고 대답했다고 한다.

고학년쯤 되면 이미 아이들도 부모의 가치관과 생각에 많이 동화되어 있다. 학원을 다니는 것이 힘들고 숙제 때문에 지치기는 하지만, 그래도 남들에게 뒤처지지 않으려면 이 정도는 감수해야 한다고 아이 스스로 생각하는 것이다. 그래서 정작 부모가 '학원을 끊어줄까? 싫으면 안 해도 돼!'라고 하면 오히려 아이가 아니라고 대답한다.

또 어쩌면 자신이 지금까지 이 정도 성적을 유지해온 것이 학원을 다녔기 때문에 가능했다고 생각하고 있는지도 모른다. 그러니 막상 '학원을 끊을까?' 하는 부모의 질문에는 아이도 덜컥 겁이 나는 것이다.

혁재는 자신에게 주어진 '학습'이라는 과제를 많은 부분 학원에 의지했다. 아무리 공부를 잘해도 '학원을 다녔으니까 내가 이 정도 하는 거야.'라고 스스로 믿고 있다면, '학원을 다니지 않으면 나 혼자의 힘으로는 공부를 할 수 없을 거야.'라고 믿는 것이기도 하다.

  어쩌면 혁재에게 가장 큰 문제는 지금 당장 수업시간에 요령을 부리는 행동이 아니라, 자신의 삶에 대한 주도적인 자세를 키우지 못하는 점일지도 모른다.

  당장 눈앞에 보이지는 않지만 지금 우리 아이가 학원에 쏟아 붓는 시간 때문에 잃는 게 무엇인지 생각해봐야 한다. 아이에게 직접 물어보는 것도 필요하지만, 학교 담임선생님과 학원 선생님과도 상담해 전체적인 아이의 학습태도와 생활습관을 점검해봐야 한다. 아이의 말과 진짜 속마음은 다른 경우가 많기 때문이다.

  학원수업을 통해 얻는 것이 있다면 분명 잃는 것도 있다. 적지 않은 돈을 들여 학원을 보내는데, 적어도 그 효과가 아이에게 눈에 보이지 않는 마이너스로 작용하게 해서는 안 되지 않을까?

아이만의 황금시간

요즘에는 남들보다 먼저 배우고 많이 반복해야 학년이 올라갈수록 더 앞서갈 수 있다는 생각이 중론인 듯하다. 하지만 내가 학교에서 만나 본 아이들의 모습은 꼭 그렇지만은 않다.

물론 선행학습을 하고 많이 반복한 아이들이 시험을 잘 보고 상위권 성적으로 두각을 나타내는 경우도 있다. 하지만 때로는 남들보다 조금 뒤처지고 느렸던 아이가 어느 순간 더 앞서 나가는 경우도 있다.

스스로 생각해보기

과학시간, 지구가 하루에 한 번씩 자전을 하고, 1년에 한 번씩 공전을 한다는 내용을 배우고 있었다. 그런데 갑자기 뜬금없는 질문이 나왔다.

"선생님, 달도 자전을 해요?"

교과서에서는 달이 지구를 중심으로 공전한다는 내용만 다룬다. 하지만 지구의 자전을 공부하던 아이들 입장에서는 당연히 달의 자전도 궁금할 수 있는 내용이었다.

"음, 아주 좋은 질문이에요. 선생님이 그 답을 찾을 수 있는 한 가지 힌트를 줄게요."

요즘은 학원에서 선행학습을 하고 오는 아이들이 많기 때문에, 웬만한 내용은 이미 다 알고 있다. 그러다 보니 수업시간에 무엇인가를 창의적으로 생각하며 배울 수 있는 기회가 상대적으로 줄어든다. 그런데 '달의 자전'은 학원에서 가르쳐주지 않는 내용이라, 아이들이 창의적으로 생각하기에 딱 좋은 학습주제였다.

"우리가 지구에서 볼 때는 달의 한쪽 면밖에 볼 수 없어요. 달의 반대쪽 면은 지구에서 절대로 볼 수 없지요. 자, 이게 힌트입니다. 그렇다면 과연 달은 자전을 할까요, 안 할까요?"

"에이, 그럼 자전을 안 하는 거죠. 한쪽 면만 볼 수 있으니까."

곧장 대답이 튀어나왔다. 스스로 생각하는 연습이 잘 되지 않은 아이들은 깊이 생각해보지 않고 바로 말하는 습관이 있다.

"과연 그럴까요?"

나는 일부러 의미심장한 표정을 지으며 각자 생각을 좀 더 해보기를 독려했다.

내가 쉽게 답을 제시하지 않자, 교실의 아이들은 어떻게든 답을 알아내려고 공책에 달과 지구의 그림을 그려가며 고민하는 부류와 생각하는 것은 질색이고 누군가 답을 말할 때까지 그저 멍 때리고 있거나 작은 틈을 이용하여 딴짓을 하려는 부류로 나뉘어졌다. 바로 이러한 순간의 모습이 학습을 대하는 아이들의 진짜 모습이 아닐까 하는 생각이 들었다.

언뜻 생각하기에 전자는 공부를 잘하는 아이들이고, 후자는 공부를 잘 못하는 아이들일 것 같지만 반드시 그렇지만은 않다. 공부를 잘하는 아이들 중에도 꽤 여럿의 아이들이 후자의 모습을 보였다.

주로 사교육을 통해 학습훈련이 된 아이들에게서 많이 볼 수 있는 현상이었다. 자기의 수준보다 다소 어려운 학습내용을 미리 선행학습 하는 것에 익숙하다 보니, 천천히 원리를 곱씹으면서 공부하기보다는 주어진 답을 외우는 공부방법에 길들여져 있는 것이다. 그러다 보니 이렇게 원리를 스스로 생각해봐야 하는 주제에 대해서는 도전해 볼 생각을 하지 않는다.

그리고 그들이 도전하지 않는 이유는 한 가지 더 있다. 바로 교과서에 나오지 않는 내용이라는 점, 다시 말하면 시험에 나오지 않는 내용이기 때문에 애써서 공부할 필요가 없다고 자연스럽게 생각한다. 학원에서 선행을 한 아이들은 어떤 내용이 시험에 나오고, 또 어떤 내용이 시험에 나오지 않는지 이미 훤히 꿰고 있는 경우가 많다.

그런가하면 이런 순간을 오히려 즐기며 바싹 달려드는 아이들이 있다. 그들은 일상생활에서 스스로의 힘으로 생각하고 행동하는 경험이 나름대로 쌓여있는 아이들이었다.

창의적인 생각이 반짝이는 순간

잠시 시간이 흐르자, 아이들 중에서 몇몇이 질문을 하기 시작했다.

"선생님, 그런데 지구도 가만히 있는 게 아니라 자전과 공전을 하고, 달도 공전을 하잖아요. 그런데 어떻게 지구에서 달의 한쪽 면만 보이죠?"

"오호, 아주 좋은 질문이에요. 꽤 고민을 한 사람만이 할 수 있는 질문이지요. 바로 그 점이 중요해요. 지구와 달의 움직임을 잘 생각해봐야 답을 알 수 있어요."

나는 아이들의 생각을 독려하기 위해 일부러 질문한 아이에게 칭찬을 퍼부었다. 그러자 여기저기서 질문들이 쏟아져 나왔다. 교사로서 아이들이 자신의 생각을 쏟아내는 모습을 보는 것은 아주 흐뭇하고 즐거운 일이다.

나는 아이들의 다양한 질문들을 구분하여 답하며, 혼란 속에서도 아이들 각자의 생각을 이끌어가려고 노력했다. 그런데 바로 그때 강민이가 입을 열었다.

"아, 알겠다! 선생님, 달은 한 달에 한 번 자전을 해요!"

정확한 정답이었다. 나는 강민이가 스스로 생각해낸 것이 맞는지 확인하기 위해 추가로 질문을 던져보았다.

"왜 그렇게 생각했죠?"

"자, 보세요. 달의 입장에서 한쪽 면만 지구에게 보여주며 지구를 한 바퀴 돌리려면 아주 천천히 자기 자신도 돌아야만 해요."

강민이는 공책에 그림을 그려가며 열심히 설명했다. 꽤 어려운 내용이었는데 혼자 곰곰이 생각하다가 스스로 깨달은 것이다. 이렇게 스스로 알아낸 지식에는 매우 큰 기쁨이 따르는 법이다. 평소 그 말 없던 아이가 맞나 싶을 정도로 목소리도 크고 톤도 빠르게 말했다.

"우와, 강민이가 결국 정답을 맞혔네요. 정답을 맞힌 것보다 그것을 알아내기 위해 혼자 집중하고 생각하는 그 과정이 더 멋진 거예요! 비록 정답까지 가지는 못했지만, 열심히 생각하려고 노력한 친구들도 모두 잘했어요. 이렇게 자기 혼자의 힘으로 깨닫기 위해 노력한 시간들이 모이고 쌓여 여러분의 인생에서 큰 재산이 되는 법이에요."

강민이는 학습적인 면에서 크게 두각을 나타내는 아이가 아니었다. 그렇다고 나머지 공부를 해야 할 정도도 아니고, 모든 과목에서 중간 정도의 성적을 유지했다.

수업시간에는 언제나 바른 자세를 유지하고 눈은 칠판을 향해 있었다. 선생님 눈치를 봐가며 적당히 산만해지는 다른 아이들의 모습과는 대조적이었다. 수업태도만 봐서는 일등을 해도 충분할 것 같은데, 의외로 시험성적은 그리 높게 나오지 않았다.

하긴 일등을 하려면 공부에 대한 욕심이 있어야 했다. 남들에게 지기 싫어하는 기질을 지닌 아이들에 비해, 강민이는 느긋하고 급할 것 없는 아이여서 그러한 기질이 학습에도 영향을 주는 듯했다.

배움은 기나긴 마라톤 레이스

사람들은 아이들의 학습을 마라톤 경기에 비유하기도 한다. 마라톤 선수들은 경기 초반에 선두로 나서지 않는다. 선두그룹에만 속해서 속도를 유지하며 체력안배를 한 후에, 막판에 치고 나가는 전략을 구사하는 것이다. 너무 초반부터 앞서 나가면 금세 체력이 떨어져 좋은 성적을 내기 어렵기 때문이다.

학교 교육과정은 아이들의 인지발달 수준에 맞춰 안배되어 있다. 따라서 선행학습을 한다는 것은 자신의 인지발달 수준보다 높은 수준의 학습을 하게 되는 것을 의미한다.

그런데 인지발달이 이루어지지 않은 상태에서 너무 높은 개념을 배우면 아이는 이해하는 데 한계를 느낀다. 그러다 보니 무작정 외우는 식의 공부를 한다. 나중에 머리가 좀 더 크면 아주 짧은 시간에 적은 에너지로도 쉽게 이해할 수 있는 개념들인데도 말이다.

어찌 되었건 먼저 외워서 이해하는 것도 나쁘지만은 않다. 다만 문제는 그 과정이 아이들에게 매우 힘들고 괴로운 경험이라는 점이다. 무슨 소리인지도 모르는데 무작정 외워야 하는 경험을 되풀이한 아이들은 내면 깊숙이 공부에 대해 부정적인 감정을 갖는다. 배움이 재미없어지고, 부정적인 감정들은 정작 중요한 순간에 아이들의 학습과정에 발목을 잡는다. 창의적인 생각을 해야 하는 순간을 회피하기도 하고, 정답이 없이 자기생각을 써야 하는 문제에서 난관을 겪기도 한다. 또 중학교까지는 잘하다가 막판 고등학교에 가서 뒷심이 부족한 결과로 나타나기도 한다.

강민이는 나름대로 초반 마라톤 경기를 성공적으로 운영하고 있는 셈이었다. 그리고 강민이에 대한 이야기는 졸업 후 더 많이 들려왔다. 가장 먼저 접한 소식은 놀랍게도 강민이 본인에게서였다. 학교 다닐 때는 내가 먼저 다가가지 않으면 절대 먼저 말하는 법이 없던 아이였는데, 중학생이 된 후 스승의 날에 문자를 보내온 것이다.

'선생님, 안녕하세요? 제자 권강민입니다. 학교로 찾아가 뵙지는 못하지만, 스승의 날 축하드립니다. 선생님 덕분에 제가 지금 열심히 공부하고 꿈을 향해 나아갈 수 있게 되었습니다. 그래서 또래친구들보다 마음도 일찍 다잡을 수 있었습니다. 언제나 감사한 마음입니다. 스승의 날 다시 한 번 축하드립니다.'

진심이 가득 담긴 문자 한통이 나를 얼마나 감동시켰는지 모른다. 지금까지 내가 받은 최고의 스승의 날 선물이었다.

문자의 내용을 통해 강민이가 중학교에서 공부를 열심히 하고 있다는 것을 짐작할 수 있었다. 그 뒤, 우연히 만나게 된 강민이와 친한 친구들을 통해 강민이가 중학교에서 전교 일, 이등을 다투고 있다는 소식을 심심찮게 들을 수 있었다.

나는 강민이를 통해 아이들의 성장은 긴 시간을 두고 봐야 하는 일이라는 것을 다시 한 번 깨달았다. 지금 비록 내 아이가 남들보다 뒤처지더라도 그리 걱정할 필요는 없다. 아이들의 키가 저마다 크는 성장속도가 다르듯, 학습 또한 그러한 면이 있다.

　요즘은 아이들 학습의 뒤처짐을 마냥 기다려줄 수 있는 분위기만은 아니지만, 그렇다고 해도 이점만은 꼭 지켜졌으면 하는 바람이다. 다소 뒤처지는 아이에 대해 부모가 너무 걱정하거나 조바심을 갖지 않고, 때로는 아이를 있는 그대로 지켜봐주며 적당히 무심한 듯 지나칠 줄도 아는 시간이 있었으면 한다.

　조금 뒤처지는 것을 회복하지 못한 아이들 중에는 그 간극을 빨리 좁히도록 부모와 주변에서 많은 시간 동안 채근을 받아온 경우도 있다. 그 시간 속에서 내면에 지니고 있던 본인만의 장점들까지 많이 잃어버리는 듯 보였다.

　어떤 아이든지 내면에는 자신만의 에너지가 있다. 주변에 의해 훼손되지 않는다면 누구나 자신만의 역량을 발휘할 자신만의 황금시간을 가지고 있다는 것을 믿고 기다려주기를 바란다.

내 꿈은…

아이가 고학년이 되면 부모는 아이의 진로에 대한 고민을 시작한다. 학교에서도 부쩍 아이의 장래희망에 대해서 조사하는 일이 많아지고, 대학 진학에 학생부 종합전형이 생기면서 진로결정에 대한 중요성은 더욱 커졌다.

그런데 정작 아이를 키우고 있는 부모라면 진로를 정하는 것이 얼마나 어려운 일인지 잘 알 것이다. 물론 어렸을 때부터 특정 분야에 재능을 보여 이미 진로를 정한 아이들도 있지만, 전체로 놓고 보면 이런 아이들은 극히 소수일 뿐이다.

대부분의 아이들은 꿈을 물어볼 때마다 매번 꿈이 바뀌기도 하고, 또 자기가 뭘 좋아하는지, 꿈이 무엇인지 모르겠다고 말하는 경우가 태반이다. 공부를 잘하는 아이라고 해서 예외는 아니다.

누구나 인정하는 모범생 아이

"자, 지금부터 학급회장 선거를 시작하겠습니다. 먼저 후보 추천을 받겠습니다."

고학년의 학급회장 선거는 저학년 때와는 사뭇 다르다. 저학년 때는 무턱대고 너도 나도 하겠다는 지원자가 넘쳐나지만, 고학년은 일단 신경전과 눈치작전이 펼쳐진다. 지원하기 전에 먼저 자신이 얻을 표수를 미리 점쳐 보아야 하기 때문이다. 괜히 지원했다가 표가 너무 적게 나오면 나가지 않은 것만 못하기 때문이다.

고학년쯤 되면 아이들도 누가 회장감인지 구별할 줄 아는 눈이 생긴다. 그래서 아무리 하고 싶어도 친구들에게 표를 얼마 얻지 못할 것이라고 생각되면, 아이는 회장후보 추천을 받아도 선거에 나가지 않겠다고 고사하기도 한다.

그렇다고 아이들이 모두 적절한 회장감의 아이에게만 투표를 하는 것도 아니다. 선거 분위기에 따라 때로는 회장선거가 인기투표로 전락하고, 남학생과 여학생 사이의 신경전이 되기도 한다. 그러다 보니 고학년 회장선거에는 언제나 많은 변수가 끼어든다.

아이들끼리 서로 쳐다보며 눈치를 살피느라, 선뜻 먼저 손을 들어 후보로 나서는 아이가 없을 때 규리가 손을 들었다.

"미주를 학급회장으로 추천합니다."

먼저 추천이 나오자, 그제야 분위기가 반전되면서 여기저기서 후보 추천이 쏟아졌다. 때로는 친한 친구라서, 때로는 장난삼아 재미로, 후보를 추천하는 아이들의 속마음은 가지각색이다. 이때 학급회장을 하고 싶은 마음이 있는 아이들은 추천을 받아도 표정에 변화가 없지만, 친구들이 장난삼아 추천했을 때는 추천받은 아이의 입장에서 난처하기만 하다.

"선생님, 저는 하고 싶지 않아요."

"그런 게 어디 있어? 학급회장은 우리 손으로 뽑는 거니까, 당선되면 당연히 하는 거지."

추천한 녀석들이 억지를 부리며 끝까지 장난을 친다.

"그렇지 않아요. 학급회장은 본인의 의지가 중요하기 때문에 추천을 받더라도 거절할 권리가 있습니다."

나는 장난기가 번져가는 선거 분위기를 다잡기 위해 일부러 일침을 놓았다.

여러 명의 후보 가운데 1차 투표 결과 미주, 재우, 성주가 동점 표를 받았다. 아이들의 표심은 많은 것을 말해주었다. 초반 선거 분위기는 남학생과 여학생의 대결로 이어지는 듯했다. 여자아이들은 미주를, 남자아이들은 재우를 회장으로 뽑으려는 모양새였다. 하지만 성주의 표는 좀 달랐다. 남녀의 대결이 아닌 우리 반 회장을 뽑기 위한 합리적인 생각으로 결정한 남자아이들과 여자아이들의 표가 고루 섞여 있었다. 다시 이어진 2차 투표에서는 이런 생각들이 더 힘을 얻어 성주가 회장으로 당선되었다.

성주는 공부도 잘하고 예의 바른 아이여서 친구들 사이에서 꽤 높은 신뢰를 받는 모범생이다. 심지어 학원을 다니지 않고 오로지 자습서와 인터넷 강의로 혼자서 스스로 공부하는 아이다. 게다가 지금까지 성주의 담임을 맡았던 선생님들도 모두 성주에 대해 칭찬을 아끼지 않았다.

"넌 커서 뭐가 되고 싶니?"

이런 성주를 보면서 나는 부모가 아이를 꽤 자랑스럽게 여기지 않을까 생각했다. 그런데 학부모 총회 때 만난 성주 어머니는 예상과 달랐다.

"성주가 고학년이 되면서 말수가 부쩍 줄었어요. 저학년 때는 묻지 않아도 학교에서 있었던 일을 집에 와서 미주알고주알 말도 잘했는데, 요즘은 도통 말을 안 해요. 뭘 물어봐도 잘 모르겠다고만 하고요. 이번에 학급회장 된 것도 친구들 엄마를 통해 알았다니까요."

성주 어머니 말을 듣고 보니, 학교에서 내가 본 성주의 모습도 비슷했다. 내가 하는 말을 귀담아듣고 행동으로도 잘 옮겨서 미처 느끼지 못했지만, 학교에서 자기와 관련된 소소한 일을 말하는 걸 들어보지 못했다. 학급전체에 관련된 일이 아니고는 나한테 와서 먼저 이야기를 하는 적도 없었다. 묵묵히 자신의 일을 모범적으로 잘하지만, 정작 아이의 표정은 늘 무덤덤했다.

어머니가 답답해하는 것은 한 가지 더 있었다. 이제 고학년이 되었으니, 아이의 진로문제에 대해서 고민하고 슬슬 준비해야 하는데 정작 아이는 꿈도, 좋아하는 것이 뭔지도 모르겠다고 한다는 것이다.

고학년이 되고 사춘기가 찾아오면 반항을 하며 자기주장이 강해지는 아이들 때문에 고민스러운 경우가 많다. 하지만 그 반대의 경우도 있다. 밝고 명랑하던 아이가 갑자기 말수가 적어지고 매사에 의욕도 보이지 않는다. 그렇다고 성적이 떨어지는 건 아니다. 늘 그랬듯이 특별히 잔소리를 하지 않아도 혼자 알아서 할 일을 한다. 그래서 어른들은 아이에 대해 그다지 걱정하지 않는다.

그러다가 아이의 진로문제로 고민을 시작하면서 부모는 아이와 갈등을 겪는다. 바로 진로문제로 아이에게 질문했을 때 돌아오는 답 때문이다.

"넌 커서 뭐가 되고 싶니?"

"……."

"꿈이 있을 거 아니야?"

"꿈이요? 어렸을 때는 과학자가 되고 싶었는데, 지금은 잘 모르겠어요."

무엇을 물어봐도 돌아오는 대답은 "그냥요.", "글쎄요.", "잘 모르겠어요."이거나 묵묵부답이다. 속내를 알 수 없는 아이 모습에 부모의 마음은 점점 답답해진다.

고학년이 되면서 아이의 변화가 눈에 띄게 보이는 때는 바로 어른들에 대해 사춘기 특유의 잣대를 들이대며 자신의 생각을 내세우는 순간이다. 어른들의 눈에는 반항으로 보이기도 하는 이런 행동들이 사실은 아이들의 성장에는 꽤 중요한 순간이다.

지금까지는 어른들이 하라는 대로 하면서 커왔지만, 어느 순간 자신의 생각이 생기면서 '이걸 하지 않으면 어떻게 되는데?' 하는 생각이 고개를 들기 시작한다. 그러면서 욱하는 마음에 주어진 선을 넘어보고 싶은 충동도 느낀다. 바로 아이들이 스스로의 논리로 세상을 보기 시작할 때 서툴게 보이는 행동들이다.

그런데 성주에게는 이런 모습을 찾아볼 수 없었다. 나는 이런 점이 성주의 무기력한 모습과 연관된 것은 아닌가 하는 생각이 들었다.

"성주야, 너는 공부를 왜 하는 거라고 생각하니?"

나는 성주에게 뜬금없는 질문을 던져보았다.

"음, 잘 모르겠어요."

역시나 힘 빠지는 답이 돌아왔다.

"그러면 성주는 왜 열심히 공부하는데?"

"저……, 열심히 안 하는데요."

"뭐라고? 야, 너는 쉬는 시간에도 수학문제집 풀잖아."

옆에서 우리 대화를 듣던 다른 아이가 한마디 거들었다.

"그건, 그냥 해야 하니까 하는 거지."

멋쩍은 대답이 돌아왔다.

"수학문제집 푸는 것을 당연하게 생각하고 꾸준히 하는 사람은 별로 없을 것 같은데……."

나는 슬쩍 주변 친구들의 동의를 구하며 대화를 이어갔다. 다행히 아이들도 고개를 끄덕였다.

"맞아! 난 문제집 안 풀고 그냥 엄마한테 혼나. 문제 푸느라 고생하는 것보다 엄마 잔소리 30분 듣는 게 더 편하거든."

한 아이의 어이없는 발언에 아이들 사이에 웃음이 퍼졌다. 성주도 따라 웃었다. 그러더니 처음으로 자기생각을 말했다.

"우리 엄마는 잔소리 안 해. 그냥 아무 말도 하지 않고, 분위기가 좀 싸하지!"

"아, 나도 뭔지 알아. 그거 잔소리보다 더 무서워! 차라리 등짝을 한 대 맞는 게 낫지. 아무 말도 하지 않는 게 더 싫더라!"

아마도 엄마의 그런 표정이 지금까지 성주가 알아서 자기 일을 하는데 어느 정도 원동력으로 작용했던 모양이다.

내 욕구에 충실할 줄 아는 힘

성주처럼 영민한 아이들은 부모의 침묵도 그 의미를 잘 알고 받아들인다. 그동안 아이가 성실하게 공부하고 모범적으로 행동했던 동기는 어찌 보면 아이 자신이 아닌 부모의 시선을 더 의식했기 때문이다.

이런 상호작용은 아이 마음 깊은 곳에 고스란히 간직된다. 그러다 사춘기를 맞으면서 아이는 자신의 감정과 대면한다. 그리고 이제는 더 이상 엄마의 표정이 어렸을 때처럼 무섭게 느껴지지 않는다. 고학년이 되면서 스스로를 돌아볼 줄 아는 힘이 생긴 아이는 갑자기 목표를 잃어버리게 된 것이다.

그런데 엄마는 아이가 고학년이 되었으니 꿈이 무엇인지, 바라는 것이 무엇인지를 자꾸 묻는다. 아이는 지금까지 그렇게 내면의 감정에 대답하는 법을 배우지 못했다. 언제나 지금의 '내 감정'보다는 '당장 해야 할 일'이 먼저였던 것이다.

그 덕분에 성실하고 모범적인 아이라는 평가는 받았지만, 정작 아이는 자신의 소리에 귀 기울이는 법은 터득하지 못했던 것이다. 갑자기 삶의 방향을 상실해버린 아이는 지금까지 해오던 것들이 있으니 습관처럼 그 일을 하고는 있지만 활력을 잃고 무기력해졌다.

성주를 통해 나는 학습상황에서 스스로의 내적 동기가 얼마나 중요한지를 깨달았다. 비록 지금 당장은 성적이 좋지 않더라도 타인의 시선이 아닌 스스로의 감정에 충실하면서 내적 동기에 따라 공부하는 아이들이 나중에 더 큰 추진력을 발휘할 수 있다. 적어도 초등학교 시기는 당장의 학습결과보다 보이지 않는 그 내적인 힘이 더 중요하기 때문이다.

내 아이는 숙제도 하지 않고 놀고 있는데, 옆집 아이는 진즉 숙제를 마치고 예습과 복습까지 한다고 해서 두 아이가 가진 내적인 힘까지 옆집 아이가 강한 것은 아니다. 진로에 대한 내적 동기는 오히려 숙제를 하지 않고 빈둥거릴 수 있는 힘에서 시작되기도 한다. 엄마에게 혼날지도 모르지만 지금 당장 내가 하고 싶은 일을 하는 것, 내 욕구에 충실할 줄 아는 힘, 그것이 진정한 내적 동기로 발전할 수 있는 원동력이 되는 것이다.

그렇다고 해서 숙제하지 않고 맘대로 노는 아이가 무조건 내적 동기와 힘이 강하다는 게 아니다. 내적 동기를 잘 발현시키기 위해서는 어느 정도 자기를 조절할 수 있는 힘이 필요한데, 이 힘은 또 하기 싫은 숙제를 하는 훈련에서 키워지기 때문이다. 결국 중요한 것은 양쪽 모두를 적절하게 가지고 있는 균형감이 아닐까.

영재교육

세계적으로 유명한 음악가, 노벨수상자, 성공한 사업가의 인터뷰나 책을 읽어보면 어렸을 때부터 그 부모의 특별한 교육법이 그들의 성공에 한몫했다는 사실을 알 수 있다. 그들의 이야기를 들어보면 어렸을 때부터 부모의 교육이 정말 중요하다고 느껴진다.

그러다 보니 한편으로는 아이를 키우면서 막연한 불안감이 든다. 내 아이에게 특별한 재능이 있는데 몰라보고 재능을 썩히는 게 아닌지, 다른 아이들은 조기교육을 통해 아이에게 맞는 재능들을 찾아가는데 내 아이만 뒤처지는 건 아닌지 걱정도 된다.

또 요즘 사회적 추세 또한 영재원이나 영재학급 등 다양한 교육시설과 교육프로그램들이 늘어나면서 어렸을 때부터 아이의 특별한 재능을 키워주기 위한 분위기가 한창이다 보니 부모 입장에서 아주 무관심할 수도 없다.

영재교육을 받는 아이

"현재까지 태양계 밖으로 나간 우주 탐사선에는 보이저 1, 2호와 파이오니어 10, 11호가 있어요."

태양계와 행성에 대해 공부하는 시간, 우주 탐사선에 대한 이야기가 나오자 정민이가 정확한 정보를 알려주었다.

"보이저 호는 알겠는데, 파이오…… 그런 건 처음 들어봐."

"그건 지금 안드로메다까지 갔어?"

아이들은 궁금증이 가득한 얼굴로 정민이에게 질문했다.

"안드로메다까지 진출은 아직 어려워. 이제 겨우 태양계를 벗어나는 수준이거든."

정민이는 어렸을 때부터 영재원에 다니며 교육을 받은 우리 반 영재다. 중학생인 누나가 먼저 영재원에 다니기 시작하면서 다양한 정보를 접한 덕에 저학년 때부터 영재원에서 교육을 받았다. 특히 정민이가 영재성을 보인 분야는 과학이었는데, 덕분에 우리 반의 과학수업은 언제나 풍성한 이야기가 오갈 수 있었다.

"자, 각자 궁금한 내용들은 직접 인터넷으로 검색해보거나 책을 좀더 찾아보고, 우린 다시 화성에 대한 이야기로 돌아올까요?"

다시 수업이 시작되었지만, 정민이 자리 근처의 친구들은 여전히 정민이에게 매달려 이야기꽃을 피웠다.

"우주 탐사선에 사람도 탔을까?"

"아니야, 개를 실어서 보냈을 걸? 책에서 본 적이 있는 것 같아."

곧이어 정민이의 목소리가 들렸다.

"개는 가장 처음 러시아에서 쏘아 올렸던 우주 탐사선에 실렸던 거고. 지금은 상황에 따라 유인 탐사선도 있고 무인 탐사선도 있어."

"유인 탐사선? 그게 뭔데?"

너무 초보적인 질문에 정민이가 살짝 한숨을 내쉬었다.

"사람이 탔다는 뜻이지. 무인은 사람이 타지 않은 거고."

가만 보니 정민이도 친구들의 질문공세가 그리 싫지 않는 눈치였다. 살짝 핀잔을 주는듯한 태도로 친구들의 궁금증에 일일이 대답을 해주고 있었으니까!

정민이는 자기가 질문하는 경우보다 사람들에게 설명해주는 일이 더 잦은 듯했다. 친구들과의 관계도 그랬고, 어른들과의 관계도 그랬다.

"야, 정민이는 과학상식이 정말 풍부하구나!"

이것이 정민이와 몇 번 대화를 나눈 어른들의 반응이었다.

저학년 아이들은 누군가에게 칭찬을 받았을 때 으쓱해지는 마음이 어떤 식으로든 티가 나지만, 고학년이 되면 상황은 좀 달라진다. 칭찬을 받아도 그냥 대수롭지 않은 일이라는 표정으로 일관하기 일쑤이다. 그 표정이 워낙 진지해서 잘난 체하는 것으로 보이진 않는다. 비슷한 이야기를 자꾸 반복해서 듣다 보니 그냥 무덤덤해졌다고 할까.

내가 정민이의 표정에서 느껴지는 마음이 그랬다. 과학상식을 많이 알고 똑똑한데 그렇다고 함부로 나서지도 않고, 대신 친구들의 질문에는 일일이 대답을 잘해주는 아이였으니 말이다.

도전하지 않고 피하는 이유

4월 '과학의 달'에는 학교에서 많은 행사들이 펼쳐진다. 과학 그리기, 과학 글짓기, 물로켓 만들기, 전자키트 만들기, 그리고 과학발명품 등 아이들은 각자 원하는 종목을 선택하여 참여할 수 있다. 나는 내심 정민이에게 기대를 했다. 과학 영재학급에 다니는 아이니까 아무래도 남다른 적극성을 보이지 않을까 생각한 것이다. 그런데 무슨 일인지 정민이는 아무 종목에도 응모하지 않았다.

"정민아, 발명품이나 전자키트 만들기에 한 번 도전해볼래?"

여러 차례 정민이를 독려해보았지만, 언제나 반응이 시큰둥했다. 나는 안타까운 마음이 들었지만 어쩔 수 없는 노릇이었다.

6월에는 과학탐구보고서 대회가 있었다. 자신이 정한 주제로 실험 탐구나 관찰을 하고, 보고서를 쓰는 대회였다. 각 학급별로 몇 명만 참가하는 대회라서 우리 반은 정민이가 적합하지 않을까 생각했다. 그런데 이번에도 역시 정민이는 하지 않겠다고 말했다.

상황이 이쯤 되자, 나는 마음 한구석 석연치 않은 기분을 떨칠 수가 없었다. 자신의 능력을 보여줄 기회인데 도전하지 않고 자꾸만 피하려는 듯한 아이의 태도가 마음에 걸렸다. 나는 정민이 어머니와 의논을 해봐야겠다는 생각을 했다.

"글쎄요, 그렇긴 한데 아이가 하고 싶지 않다면 어쩔 수 없죠. 저희 부부는 아이의 의견을 존중하는 편이거든요. 그렇다고 아이가 과학에 대한 관심이 줄어들거나 한 건 아니에요. 요즘도 여전히 관련 책도 많이 읽고 새로 알게 된 내용은 아빠와 저에게 줄줄이 설명해주곤 하니까요."

나와는 달리 정민이 어머니는 대수롭지 않게 생각하는 듯했다. 그리고 아이의 영재성에 대해 무척 뿌듯해한다는 걸 느낄 수 있었다.

나는 문득 정민이가 영재교육을 받는다는 걸 처음 알게 된 학기 초의 일이 떠올랐다. 학기 초라 아직 아이들 이름과 얼굴을 제대로 익히지 못한 내게 정민이가 다가와서 말했다.

"선생님, 저 오늘 좀 일찍 끝내주세요. 영재학급에 가야 해서요."
"아, 정민이가 영재학급에 다니는구나. 무슨 영재학급이지?"
"과학이요."
"그래, 그럼 이따가 시간 맞춰서 조금 일찍 나가도 돼."

그런데 오후 수업시간, 먼저 나가겠다던 정민이가 자리에 앉아있는 것이 아닌가!

"정민아, 영재학급 가야지?"
"아, 그거요! 학교수업 마치고 가도 돼요."

그제야 생각해보니 영재학급은 수업이 모두 끝난 후에 시작하는 것이 원칙이었다. 영재학급 수업을 듣는 아이들이 학교공부에 결손이 생기면 안 되기 때문이다.

그럼 정민이는 왜 그런 말을 한 걸까? 그건 학기 초에 선생님에게 '영재학급'이라는 단어로 자신을 각인시키고 싶었던 아이의 귀여운 작전인 것이다. 정민이의 작전은 꽤 성공적이었다. 그날 이후 나도 '과학'과 '영재학급'을 떠올릴 때면 늘 정민이가 먼저 생각났으니 말이다.

그런데 이번에 정민이의 모습을 보면서 지난 이 일이 나에겐 정민이를 이해할 수 있는 하나의 단서가 되었다.

정민이는 어렸을 때부터 '영재'라는 소리를 자주 들으며 자랐을 것이다. 또 당장 자신이 알고 있는 지식, 책에서 읽은 새로운 내용들을 이야기하면 부모님과 친구들, 심지어 선생님까지 모두 놀라워하며 치켜세운다. 그러다 보니 어쩌면 정민이는 자신이 가지고 있는 재능을 관계 속에서 인정받기 위한 수단으로만 활용하고 있는 것은 아닐까 하는 생각이 들었다.

사회적으로 '영재'를 정의할 때는 세 가지 조건을 만족시켜야 한다. 첫째는 물론 '우수한 재능'이다. 하지만 이외에도 '과제 집착력'과 '사회적으로 인정되는 결과물'이 있어야 한다는 두 가지 조건이 더 필요하다.

어떤 분야에 영재성을 보이려면 관심분야에 대한 과제 집착력이 있어야 한다. 자신이 하고 싶을 때만 잘하는 것이 아니라, 시간과 장소를 불문하고 자신이 좋아하는 분야에 대해서는 언제나 강한 주의집중력을 보이는 능력을 말한다.

그리고 아무리 뛰어난 능력으로 과제에 집착한다고 해도 사회적으로 인정되는 결과물이 없다면 영재로 정의될 수 없다. 예를 들어 어떤 사람이 훌륭한 연구 성과를 내서 자신만의 독창적인 과학적 법칙을 발명했다고 해도, 관련 전문가들의 심사를 통과해야 하는 학술지에 실리지 못하면 결국 사장되고 마는 것이다.

정민이는 영재로 정의될 수 있는 세 가지 조건 중에서 '우수한 재능'과 '과제 집착력'은 지녔지만, '사회적으로 인정되는 결과물'에서는 생각해볼 여지가 있었다. 물론 초등 아이들은 아직 어떠한 결과물을 이루어낼 수 있는 단계가 아닐 수 있다. 하지만 학교에서 이루어지는 여러 가지 대회들은 영재로서 재능을 발휘해 결과물을 인정받을 수 있는 장이기도 하다.

그런데 정민이는 정작 그 기회를 자꾸만 피했다. 어쩌면 관계 속에서 인정받고 싶어 하는 정민이의 기질이 고학년이 되면서 반대로 아이의 발목을 잡고 있다는 느낌이 들었다.

영재교육의 허와 실

정민이를 통해 나는 우리 사회의 영재교육 시스템에 대해 전반적으로 다시 생각해보는 계기가 되었다.

언제부턴가 영재교육의 필요성이 강화되면서 다양한 기관에서 영재원을 운영하기 시작했다. 그리고 각 교육지원청에서는 해마다 고학년을 대상으로 수학·과학 등 각 분야의 영재들을 발굴하기 위해 지원신청서를 받는다.

그러다 보니 관심 있는 학부모와 학생 사이에서는 영재원 입학을 위한 경쟁이 꽤나 치열하다. 한번 입학하면 그것이 경력으로 쌓여서 중학교에 가도 계속 진급하여 수업받기가 수월해지기 때문이다. 아예 저학년 때부터 사교육 기관에서 영재교육을 받고 그 경력을 이용해 공교육의 영재원 입학에 더 우월한 자격을 선점하기도 한다.

영재교육의 본래 목적은 영재를 국가적인 인재로 양성하기 위해 영재를 대상으로 이루어지는 교육이다. 그런데 지금의 상황은 목적이 변질되어 영재가 아닌 아이도 영재로 만들고 싶어 하는 부모의 욕심에 따라 영재교육을 받을 수 있는 실정이다.

예전에 나는 영재교육연구학교에서 근무했던 적이 있다. 연구학교로 선정되면 교육지원청에서 많은 지원을 해준다. 영재교육 관련 우수한 교사를 뽑아서 배치하고, 영재학급 운영을 위한 예산도 충분히 지원한다.

그런데 영재학급의 모집정원을 예산에 맞춰서 미리 정해놓는다는 데 문제가 있었다. 정원이 20명인 경우, 실제로 영재인데 정원이 넘쳐 교육을 못 받는 아이가 있을 수 있고, 반대로 정원을 채우기 위해 영재가 아닌데도 영재교육을 받는 아이가 생겨나는 것이다.

내가 하고 싶은 말은 영재교육에 대한 비판이 아니다. 분명 우리 아이들 중에는 특별한 능력을 타고난 영재가 존재한다. 그 아이들이 특별교육을 받아야 한다는 논리에 대해서는 나도 찬성한다. 그러나 이런 아이들을 만날 확률은 매우 낮다.

　우리 주변에서 만나는 아이들 중에는 타고난 영재일 경우보다 인지발달이 또래보다 빠른 아이일 경우가 더 많다. 발달이 들쑥날쑥한 어린아이들은 또래보다 다소 빠른 발달이 뛰어난 특성으로 비춰지기도 하기 때문이다.

　물론 아이가 인지발달의 속도가 빠른 것도 매우 중요한 장점이자, 영재의 조건이다. 다만, 어린 나이에 똑똑하다는 칭찬을 과하게 받는 것이 어쩌면 아이가 성장해나가면서 여러 장점들이 키워지는 데 방해가 되는 건 아닐지 우려된다.

성적과 자존감의 상관관계

고학년이 되면 성적이 낮은 아이들이 자존감이 낮은 경우를 자주 본다. 그동안에 학교생활을 하면서 알게 모르게 성적으로 인한 부정적인 경험들이 많이 쌓였기 때문이다.

하지만 사실 초등학교 성적은 중·고등학교 때 얼마든지 바뀔 수 있다. 아이가 자신이 해낼 수 있으리라는 긍정적인 마음을 유지한다면 언젠가는 자신의 목표를 향해 의욕을 불태울 수 있기 때문이다.

하지만 자존감마저 낮은 아이들은 기회조차 쉽게 포기해 다시 의욕을 갖고 도전해볼 용기조차 내지 못한다.

열심히 하는데 성적이 오르지 않는다

다온이는 유순하고 내성적인 아이였다. 작고 동글동글한 몸집에 늘 미소를 머금고 다녔다. 말수도 적은 편이라 내가 이것저것 물어봐도 늘 단답형의 대답에 그치곤 하였다.

다온이의 성적은 학급에서 중하위권에 해당했다. 그렇다고 공부를 열심히 하지 않는 건 아니다. 수업시간에 태도도 바르고 주어진 과제도 우직하게 해내는 아이인데, 열심히 하는 것만큼 성적이 잘 오르지 않았다. 하지만 다온이는 자신이 공부를 잘 못하는 것 때문에 위축되지 않았다.

게다가 다온이 어머니 역시 이런 점에 대해 크게 걱정하지 않는 눈치였다. 다온이 어머니는 학급 어머니회 회장을 맡고 계셔서 나와 이야기를 나눌 기회가 많은 편이다. 하지만 아이에 대한 이야기를 잘 하지 않았다. 특히 아이의 성적에는 크게 신경 쓰지 않았다.

아이가 저학년 때는 학습내용이 쉬운 편이라 적당한 성적을 유지하기가 그리 어렵지 않다. 하지만 고학년 때는 학습내용이 심화되면서 따로 노력하지 않으면 성적이 떨어지는 일이 종종 생긴다. 그래서 웬만큼 공부를 한다고 생각했던 아이의 성적이 생각만큼 잘 나오지 않으면 부모는 걱정하기 마련이다.

상담을 해보면 이때 보이는 부모들의 반응은 조금씩 차이가 있다. 대다수의 부모는 아이의 성적이 떨어진 것에 대해 몹시 걱정하며 성적을 올리기 위한 방안 마련에 고심한다. 그런데 가장 많이 선택하는 방법이 국어, 영어, 수학, 과학 등 과목마다 학원을 보내는 것이다. 물론 학원을 다니며 공부시간을 늘리는 게 도움이 될 수 있다. 하지만 성장기에 충분히 뛰어놀 시간을 빼앗긴 아이들에게는 고통이 될 수도 있는 문제이다.

　반면, 아이의 성적에 대해 아예 무관심한 부모도 있다. 그런가하면 아이의 성적이 최고로 잘 나왔을 때만 기억하는 부모도 꽤 있다. 공부보다는 인성이 더 중요하고 아이가 행복하게 학교생활을 하는 것에 더 주안점을 두고 있기 때문이다.

　물론 충분히 공감할 수 있는 생각이다. 다만, 우리 아이들에게는 행복할 권리도 있지만, 뭔가를 열심히 하며 성취감을 느끼고 성장할 기회를 가질 권리도 있다. 그런 의미에 주어진 과제를 열심히 하며 노력할 줄 아는 성실성은 길러주어야 한다. 그 성실성의 범주 안에 학교성적도 어느 정도 포함된다.

　의외로 아이의 학교성적이 낮은 걸 잘 알고 있지만, 그래도 괜찮다고 아이에게 말해주는 부모도 있다. 보통 나름대로 교육관이 투철한 분들이 이런 유형에 해당된다. 나는 다온이 어머니도 이 유형에 속하는 분이 아닐까 생각되었다.

　고학년 담임을 하면 곤란한 점 중에 하나가 학부모회 임원을 모집하는 일이다. 학부모 총회 때 참석하는 인원부터 확연히 줄어든다. 그러다 보니 여러 가지 학부모 봉사단체의 인원을 채우는 데 곤란을 겪는 일이 생긴다. 그런데 뜻밖에도 다온이 어머니가 선선히 학급 어머니회 회장을 맡아서 이런저런 학급 일들을 챙겨주셨다.

　그런데 부모가 나서서 학급 어머니회 일을 하는 이유 중 하나는 자녀에게 도움이 되는 부분이 있었으면 하는 바람 때문이기도 하다. 학교 일을 하면 담임선생님과 만날 기회가 많으니 아이에 대한 상담도 자연스럽게 할 수 있고, 이것저것 학교 정보도 먼저 알 수 있으니 아이에게 도움을 줄 수도 있기 때문이다. 하지만 다온이 어머니는 전혀 그렇지 않았다.

다정다감한 아이

"우르릉 쾅쾅!"
"와, 오늘 날씨 굉장하네!"
요란한 천둥 번개 소리와 함께 주변이 컴컴해지더니 비가 억수로 쏟아졌다. 천둥 번개 소리에 무섭다며 잔뜩 위축되는 아이들도 있고, 평상시와 다른 날씨에 더 신나하는 개구쟁이들도 있었다.
그런데 쉬는 시간이 되자, 예쁘게 생긴 1학년 여자아이가 우리 반을 기웃거리며 오빠를 찾았다.
"다온아, 네 동생 왔다."
친구들 덕분에 남매의 만남이 이루어졌다. 그런데 그 모습이 참 극적이었다. 여자아이는 '오빠!'를 부르며 달려와 다온이의 품에 와락 안기고, 그런 여동생을 다온이는 등을 토닥이며 따뜻하게 위로해주었다.
"천둥 번개 때문에 많이 무서웠어?"
"응."

여자아이는 눈물이 글썽한 얼굴로 안도의 숨을 내쉬었다. 누가 봐도 따뜻하고 부러운 남매의 모습이었다. 아이들 눈에도 그렇게 보였는지 친구들이 함께 다온이 동생을 위로해주었다.

간혹 학교에서 보이는 형제자매 사이는 집에서의 모습과 사뭇 다르다. 집에서 함께 있을 때면 사소한 일로 아웅다웅하던 녀석들이 학교에만 오면 천하에 둘도 없는 형제사이로 바뀌기도 한다.

그런가하면 복도나 운동장에서 만나도 서로 아는 척을 하지 않는 형제관계도 많다. 둘 중에 어느 한쪽만 아는 척을 했어도 불가능했을 일인데, 둘 사이에 서로 암묵적인 약속이라도 한 것처럼 똑같이 행동한다. 그렇다고 해서 둘의 사이가 나쁜 것은 아니다.

아마도 학교에서 보이는 형제자매 모습은 둘 사이의 좋고 나쁜 관계에 있기보다는, 다른 사람들의 시선에 대처하는 아이들의 기질에 따라 다르게 나타나는 것으로 생각된다.

다온이 남매도 다온이가 말수도 적고 다정다감한 성격이다 보니 여동생의 장난을 잘 받아주는 착한 오빠의 역할을 맡았을 것이다. 그동안 학교에서 내가 봐온 다온이의 기질과도 잘 맞아떨어졌다.

그 후로도 다온이 동생의 교실 방문은 간간히 이어졌다. 어떤 때는 배가 아프다는 이유였고, 어떤 때는 준비물을 가져오지 않아 오빠 것을 빌리러 오기도 했다. 그때마다 다온이는 살뜰하게 동생을 잘 챙겨주곤 했다.

이런 다온이의 다정다감한 성격은 친구관계에서도 좋은 효과를 발휘했다. 남자아이들은 고학년이 되면 신체활동이 매우 활발해진다. 그러다 보니 유일하게 에너지를 발산할 수 있는 체육시간에 교실수업을 하겠다고 하면 거센 항의가 빗발치곤 한다.

남자아이들이 체육시간에 가장 하고 싶어 하는 것은 축구였다. 사실 교실에서는 고학년 남자아이들을 통솔하려면 정말 많은 에너지가 필요한데, 운동장에서는 축구공 하나만 던져주면 모든 게 상황종료였다. 공 하나를 쫓아 종횡무진 운동장을 누비며 땀을 뻘뻘 흘리는 아이들을 보고 있노라면 가끔 축구공이 경이롭게 보이기까지 할 정도였다.

그렇게 축구경기가 한창일 때 그곳에 끼지 못하고 골대 주변에서 어슬렁거리는 다온이가 눈에 띄었다. 다온이에게 친구들과 같이 가서 뛰라고 해도 씨익 웃기만 했다. 아무래도 보통 남자아이들과 달리 몸을 움직이는 것은 좋아하지 않는 눈치였다.

이렇게 신체적인 움직임이 둔하고 느린 아이들은 남자아이들 사이에서 은근히 무시를 당하는 일이 생길 수도 있다. 아무래도 한창 힘을 동경하는 나이다 보니 자연스러운 현상이기도 하다. 그런 면에서 나는 다온이가 내심 걱정이 되었다.

그런데 신기하게도 다온이에게는 그런 일이 생기지 않았다. 아이들이 놀리거나 짓궂은 장난을 걸어도 웃으며 받아주고, 좀처럼 기분 나빠하지 않으니 놀리는 아이들도 재미없기 마련이었다. 여동생을 받아주고 챙겨주는 마음으로 친구들을 대하니 거칠고 드센 아이들도 다온이와는 갈등을 일으킬 일이 없었다.

다온이는 학습에 관한 문제 말고는 정말 흠잡을 데 없는 아이였다.

아이의 선택과 도전이 기회가 된다

나는 적극적이고 활동적인 다온이 어머니를 자주 만나면서 다온이가 학습 면에서 조금만 더 열의를 보였으면 하는 아쉬움과 안타까움을 느낄 때가 많았다. 그런데 다온이가 처음으로 무언가를 하겠다고 나서는 일이 생겼다.

2학기도 거의 끝나갈 무렵이었다. 우리 학교가 '영재 연구학교'로 지정되었는데 영재학급에 지원하는 학생 수가 너무 적어 추가지원 신청을 받아야 했다. 나는 우리 반에서 영재수업을 잘 따라갈 만한 몇몇 아이들에게 영재학급 신청서를 주면서 한 번 생각해보라고 권했다.

바로 그때 다온이와 눈이 딱 마주쳤다. 지금까지 다온이는 학습과 관련된 일에는 전혀 관심을 보이지 않았다. 그런데 그 순간 다온이의 눈빛은 좀 달랐다. 그 눈빛에 이끌려 나도 모르게 다온이에게 신청서를 내밀며 말했다.

"다온이도 한번 신청해볼래?"

그러자 고개를 끄덕이며 냉큼 신청서를 받아가는 게 아닌가! 지금까지 내가 본 다온이의 모습 중에 가장 적극적인 모습이었다. 다온이는 '나도 한번 해 볼까?' 하는 마음으로 이번 기회를 잡고 싶었던 모양이다. 나는 내심 그런 다온이가 기특했다. 분명 아주 느리고 오랜 시간이 걸렸지만, 다온이에게 학습에 대한 작은 씨앗이 움트고 있는 게 느껴졌다.

다음 날 출근길, 한 통의 전화가 걸려왔다. 다온이 어머니였다.
"선생님, 다온이가 영재학급 신청서를 내겠다고 하는데요, 이거 정말 선생님이 주신 것 맞아요?"
아무래도 이 일로 아이와 실랑이 끝에 전화를 한 모양이었다. 내가 그렇다고 대답하자, 대뜸 이렇게 물었다.
"왜 우리 아이를 추천하셨어요?"
따지듯이 묻는 다온이 어머니의 어투에 나는 좀 당황했다.
"제가 안 된다고 반대하니까, 다온이가 오늘까지 꼭 신청서를 내야 한다고 떼를 쓰고 난리예요. 아니, 한 번도 고집을 피운 적이 없는 아이인데 아침부터 이러니까 제가 이해할 수가 없어서요. 솔직히 다온이가 영재학급에 들어가서 따라갈 수나 있겠어요? 저는 괜히 아이가 상처만 받을까봐 걱정이 돼서 못하게 하는 건데, 다온이가 막무가내예요."
이제야 어머니의 속마음을 알 수 있었다. 다온이 어머니는 아이가 공부를 못하는 것은 괜찮다고 생각하지만, 잘하는 아이들 틈에서 마음에 상처를 받을까봐 걱정한 것이다.

생각이 여기에 미치자, 나는 다온이에게 신청서를 건넨 순간을 사실대로 말씀드렸다. 특히 그때 다온이가 보여주었던 적극적인 태도를 강조했다.

"어머니, 아이들은 아직 성장하는 과정에 있기 때문에, 다온이의 잠재력이 어느 정도인지는 아무도 알 수 없습니다. 물론 다온이가 영재학급에 들어가 마음에 상처를 받을 수도 있습니다. 하지만 그게 두려워서 아이에게 도전해볼 기회조차 뺏는다는 건 옳지 않다고 생각합니다. 그리고 제가 그동안 아이들을 가르치면서 배운 것 중 하나는 이렇게 아이가 스스로 하겠다고 하는 순간이 그 아이에게는 매우 중요한 기회가 된다는 사실입니다. 지금은 성적이 그리 좋지 않아도 자존감이 높은 아이라 해보겠다고 의욕을 보인만큼 다온이를 한번 믿어주시는 게 어떨까요?"

내 설득에 결국 다온이 어머니도 동의했다. 사실 어머니의 말처럼 다온이가 영재학급에서 마음에 상처를 받을 수도 있다. 하지만 그렇게 받은 마음의 상처는 아무런 예고 없이 받은 상처와는 차원이 다르다. 자신이 상처받을 줄 알고 있으면서도 도전했다는 점이 다르기 때문이다. 그래서 나는 크게 걱정하지 않았다.

물론 마음의 상처는 고통스럽고 힘들겠지만 아픔을 겪고 난 후에는 아이가 한 단계 더 성숙할 것이다. 그리고 그 성숙의 힘은 어쩌면 다음번 다온이 인생의 기회에서 더 크게 발휘될지도 모른다. 다온이라면 충분히 가능했다.

다온이를 보면서 나는 부모의 힘만으로도 충분히 성적과 아이의 자존감을 분리시킬 수 있음을 알게 되었다. 그러니 혹시 지금 아이의 성적이 다소 낮더라도 불안해하기보다는 아이의 자존감을 키우는 데 더 많은 에너지를 쏟으시라고 말씀드리고 싶다.

장래희망

꿈을 물을 때마다 장래희망이 바뀌는 아이도 있고, 아예 꿈이 없다고 답하는 아이도 있다. 나는 이 두 가지 모두 아이들의 솔직한 마음이라고 생각한다.

한창 꿈이 많고, 꿈이 바뀔 수 있는 시기이다. 이런 아이들일수록 세상에 대한 호기심이 많고 적극적인 태도를 지니는 경우도 많다.

꿈이 없다고 말하는 아이들도 마찬가지이다. 아직 세상을 배워나가는 시기라 뭐가 뭔지도 모르겠는데, 주변 어른들은 너무나 쉽게 장래희망이 뭐냐고 물어본다. 그런데 뭔가 한 가지를 정해서 말하는 것은 부담스럽다. 그러니 없다고 대답하는 것이 속편할 수밖에!

에너지가 넘치는 아이

학부모 상담시간이었다.

"대단할 게 뭐 있나요, 자기가 좋아서 하는 일인데요!"

장미가 일곱 살 때부터 한순간도 피아노를 쉬지 않았다는 말에 아이를 칭찬하자, 장미 어머니는 대수롭지 않은 듯 반응했다. 오히려 한숨을 쉬면서 아이가 공부를 열심히 하지 않아서 걱정이라고 했다.

"어머니, 장미는 숙제도 잘 해오고, 수업태도도 좋아요!"

"그건 선생님께서 우리 아이를 잘 봐주셔서 하시는 말씀이에요. 어제만 해도 피아노 레슨 마치고, 영어학습지를 하기로 했는데 하지 않더라고요. 지금까지 학습지 밀린 게 몇 번인지 몰라요."

"장미가 레슨은 매일 다니나요?"

"월, 수, 금은 집 가까운 곳에서 세 시간 정도 받고, 화, 목은 전문적인 레슨을 위해 좀 멀리 다녀요. 집에 오면 보통 10시쯤 돼요."

아무리 생각해도 초등학생이 소화하기에는 무리한 일정이었다. 하지만 장미 어머니는 내 생각과 다르게 피아노를 열심히 친다고 해서 공부를 소홀히 하면 절대 안 된다고 생각했다.

장미 어머니와의 상담 이후, 장미가 걱정되어 유심히 살펴보았다. 분명 힘들어하거나 지친 부분이 있을 거라고 생각했다.

"야! 돈가스 남았어. 더 먹을 사람? 선착순 한 명!"

점심시간에 낭랑한 장미의 목소리를 따라 아이들은 쪼르륵 앞으로 나왔다. 아무래도 치열한 신경전이 예상되었다.

"먹고 싶은 사람들은 이리로 모여! 가위바위보로 정하자."

장미는 그렇게 몇 번의 가위바위보 대국을 진행하더니 돈가스 당첨자를 가려냈다. 아이들 사이에서 나오는 크고 작은 불만들을 쩌렁쩌렁한 목소리로 해결해가니까, 아이들도 어느새 장미의 말을 고분고분 들었다. 나는 그런 장미의 모습을 감탄하며 바라봤다.

장미는 밥을 먹고 나서, 남은 점심시간을 제대로 불태우며 놀기 시작했다.

"하하하! 진짜 재밌다. 그게 어떻게 그렇게 올라가니?"

"와아! 은설아, 너 진짜 잘했어!"

교실 뒤편에 아이들이 삼삼오오 모여 앉아 공기놀이가 한참 진행되었는데, 내 귀에는 장미 목소리밖에 들리지 않았다. 때로는 즐거워서 크게 웃으며, 또 때로는 친구들을 칭찬해주며 신이 나서 놀았다. 목소리가 어찌나 큰지 그렇게 한 시간만 떠들어도 진이 다 빠질 것 같은데 장미는 여전히 쌩쌩했다.

5교시 수학시간, 모든 아이들이 점심을 먹고 난 후 나른해져서 하품을 하는 시간이었다. 나는 점심시간에 제대로 지친 장미가 졸지 않을까 생각했다. 그런데 장미는 하품은커녕 내가 시킨 문제들을 열심히 풀었다. 그러다가 나와 눈이 마주치자, 장미는 문제가 잘 안 풀리는지 민망한 웃음을 보냈다.

"장미야, 왜? 문제가 좀 어렵니?"

내 질문에 장미는 얼른 책을 들고 앞으로 나왔다.

"선생님, 제가 사실 나눗셈이 좀 약하거든요. 그래서 2번 문제가 이해가 안 돼요."

열심히 하는 모습이 기특해서 자세히 설명을 해주었다.

"아, 그렇구나. 이렇게 풀면 정말 쉽게 되네요. 감사합니다!"

장미는 내가 설명을 마치자, 꾸벅 인사를 하고 자리로 돌아갔다. 참 활기차고 예의가 바른 아이였다.

장미는 타고난 에너지 수준이 높은 아이였다. 교실의 모든 상황에 촉각을 세우고 있다가, 자신의 도움이 필요하다 싶으면 순식간에 달려가 행동으로 옮기곤 했다. 그리고 쉬는 시간에 갑자기 흥이 나면 혼자 빙그르 돌면서 몸을 움직이곤 했다. 그런 장미 모습이 재미있어 다른 아이들이 하나둘 가세하면 순식간에 하나의 놀이로 발전하기 일쑤였다. 내 걱정과 다르게 아이는 피아니스트의 꿈을 열심히 키워가면서 학교생활 또한 지장 없이 잘 꾸려가고 있었다.

아이가 겪는 성장통

"장미야, 학예회 때 피아노 독주해볼래?"

"아, 저는 별로······."

"지난번 대회에 나갈 때 연습했던 곡을 연주하면 어떨까?"

장미는 1년에 몇 번씩 다양한 대회에 출전했다. 그때마다 연습했던 곡들도 있고, 따로 준비해둔 의상까지 있었다. 그대로 교내 학예회에 나가면 좋을 것 같았지만, 아이는 내켜하지 않았다.

"저도 장미에게 학예회에 나가보라고 했는데, 아이가 싫다네요."

장미 어머니도 같은 대답이었다. 아무래도 친구들 앞에서 연주하기가 더 부담스러운 모양이었다. 상황이 이렇다 보니 장미의 피아노 연주 실력을 제대로 볼 기회가 없었다.

"장미야, 지난 대회에서 은상 받았다며? 잘했다. 혹시 그 대회 동영상 볼 수 있을까?"

"네."

아이는 휴대폰을 뒤적여 선뜻 동영상을 보여줬다. 피아노를 연주하는 장미의 모습은 교실에서의 모습과는 완전 딴판이었다. 긴장한 기색도 없이 연주에 몰입하는 모습을 보고, 내가 감탄을 하며 칭찬하자, 그제야 아이는 이것저것 대회에서 경험했던 것들을 이야기했다.

"여기 이 부분을 칠 때 사실 박자가 좀 빨랐어요. 그래서 음이 정확하지 않은 것 들리시죠?"

"아니, 선생님은 전혀 모르겠는데?"

"잘 들어보시면 들려요."

아이는 다시 들어도 못마땅하다는 표정을 하고 있었지만, 내 귀에는 그저 훌륭한 연주로만 들렸다.

장미는 남들의 평가와 상관없이 자신의 연주에 대해 스스로 아주 객관적이고 엄격한 잣대를 대고 있었다. 나는 이런 장미의 모습에 내심 절로 감탄이 나왔다.

사실 저학년 때는 아이가 조금만 잘해도 예쁘고 대단해 보인다. 어릴 때 받는 평가에는 어리기 때문에 가능한 보너스 점수가 들어가 있는 셈이다. 그러다 보니 보너스 점수가 줄어들게 되는 고학년 시기에 배우던 것을 포기하는 아이들이 늘어나는 것도 이상한 일은 아니다.

그런데 장미는 애초에 이 보너스 점수에 연연해하지 않았기 때문에 적어도 그런 이유로 피아노를 포기할 일은 없어 보였다. 남들보다 기본기가 더 탄탄하게 다져져 있는 셈이었다.

그런데 항상 밝고 에너지 넘치던 장미가 가끔 멍해져서 먼 산을 바라보는 일이 잦아졌다.

"장미야, 요즘 무슨 고민 있니?"

"네? 아무것도 아니에요."

그러더니 잠시 뜸을 들인 후, 아이는 다시 입을 열었다.

"사실은 요즘 피아노 레슨이 너무 힘들어요."

"그래? 선생님 생각을 말해도 될까?"

"네."

"사실 선생님은 이전부터 장미가 하나도 힘들지 않다고 하는 말이 더 이상했어. 학교 마친 후에 밤늦게까지 레슨을 받고, 학교숙제와 공부도 열심히 해야 하는데 힘든 것은 당연한 일이야."

"하지만 피아노는 제가 좋아서 하는 일인걸요. 엄마도 힘들면 언제든지 그만두라고 말씀하세요."

"그래, 하지만 스스로 좋아서 시작한 일이라고 힘들지 말란 법은 없어. 네가 좋아서 시작한 일인 것도 맞고, 싫으면 언제든지 그만둘 수도 있지만 지금 힘들어하는 네 마음도 사실인 거야!"

"……."

"피겨스케이팅 김연아 선수도 네 나이 때엔 하루에도 몇 번씩 피겨를 그만두고 싶은 마음이 들었대. 실제로 한동안은 진짜 그만 둔 적도 있었고. 선생님 생각에는 김연아 선수가 자신의 목표대로 훌륭한 결과를 낼 수 있었던 것은 피겨를 좋아하고 잘하기도 했지만, 한편으로 피겨가 싫고 힘든 마음까지 그대로 인정할 수 있었기 때문이라고 생각해. 지금 네 마음은 하나도 이상하지 않아. 오히려 아주 건강하다고 느껴지는 걸!"

"선생님은 제가 피아노를 그만두는 것도 괜찮다고 생각하세요?"

질문을 빗대어 속마음을 꺼내놓는 듯했다.

"피아노를 그만둔다고 해서 네가 지금까지 열심히 한 시간들까지 물거품이 되지는 않아. 꾸준히 노력해서 결과물을 이룬 경험들이 네 인생에 든든한 기둥역할을 해줄 거야. 또 지금 그만둔다고 피아노와 영영 이별하는 것도 아니지. 그렇게 한동안 쉬다보면 다시 피아노가 치고 싶어질지도 모르잖아?"

장미는 아무 말도 하지 않았지만 내 말에 귀 기울이고 있음을 느낄 수 있었다.

그렇게 장미는 한동안 혼돈과 고민의 시간을 보냈다. 그러다가 불쑥 이런 질문들을 내게 쏟아내곤 했다.

"선생님은 어렸을 때부터 꿈이 선생님이셨어요?"

"피아노로 대학을 나와서 할 수 있는 일이 뭐가 있을까요?"

지금 장미가 겪고 있는 혼돈과 고민은 오롯이 아이가 겪는 성장통인 셈이었다.

꿈을 향해 나아가기

가을이 다가오던 어느 날, 장미가 내게 한 묶음의 서류들을 내밀었다. 펼쳐보니 유명한 예술 고등학교에서 운영하는 중학생 대상의 영재원 가입 신청서였다. 나는 깜짝 놀라 장미를 쳐다보았다.

"여기에 들어가려고?"

"네. 학원 선생님이 알려주셨는데, 저도 한번 해보고 싶어졌어요. 합격할 수 있을지는 모르지만요."

아이가 수줍게 말했다. 그 말은 장미가 드디어 혼돈과 고민의 터널을 통과해서 나왔음을 의미했다. 그뿐만 아니라 아이가 어떤 선택을 했는지도 알 수 있었다. 나는 정말 반갑고 기쁜 마음이 들었다.

영재원은 경쟁률이 치열한 곳이다 보니 실기시험뿐 아니라, 이것저것 준비해야 할 서류가 많았다. 그중에는 자필로 작성하는 담임교사의 추천서도 있었다. 음악 전문가가 아닌 나로서는 솔직히 장미의 피아노 실력이 어느 정도인지, 정말 영재성이 있는지 잘 알 수 없었다.

하지만 적어도 내가 자신 있게 말할 수 있는 장미의 강점이 있었다.

그 한 가지는 바로 '성실성'이었다. 사실 특별레슨을 받는 아이들은 그 일을 핑계로 학교교육 과정을 조금씩 소홀히 하는 경향이 있다. 하지만 장미는 그런 적이 거의 없다. 물론 중요한 대회가 있으면 대회 당일은 어쩔 수 없이 빠져야 했지만, 그럴 때도 혹시 모둠과제나 학교행사가 있으면 대회를 다녀온 후에라도 맡은 일이나 책임을 다하려고 노력했다.

두 번째 강점은 바로 '혼돈과 고민의 시간'이었다. 장미가 고학년 시기에 피아노가 어느 정도 수준급 실력으로 올라선 바로 그 시점에, 이런 시간들을 갖고 방황했다는 것은 굉장히 중요한 의미가 있었다. 이제 적어도 피아니스트의 꿈이 오롯이 장미 자신 것이 되었다는 것을 의미했다. 처음 시작은 어땠을지 몰라도 이제는 더 이상 부모가 좋아하니까, 남들이 잘한다고 하니까, 지금껏 해온 일이니까 하는 등의 이유로 꿈을 이어가지는 않게 되었음을 의미했다. 이제는 적어도 자신이 왜 피아노를 치고 싶어 하는지, 또 그 시간들이 어떤 의미인지 장미 스스로 이해하고 받아들이게 된 것이다.

사람들은 꿈을 이루기 위해 그 분야의 재능과 최선을 다하는 노력이 필요하다고 생각한다. 물론 그 두 가지도 중요하다. 하지만 나는 거기에 한 가지를 더 보태고 싶다. 바로 꿈을 이루어가는 과정 중에 겪는 혼돈과 고민의 시간이다.

누구나 어떤 일을 목표로 노력하다 보면 육체적인 부분이든 심리적인 부분이든 분명 자신의 한계에 부딪치는 시점이 온다. 그리고 그 시기에는 충분히 고민하고 갈등할 시간이 필요하다. 그 시간들은 쓸데없는 시간 낭비처럼 보일 수도 있고, 그러다 포기하게 될까봐 불안해 보이기도 한다.

물론 누군가는 그 시간을 통해 포기를 선택할지도 모른다. 하지만 그 또한 중요한 선택이다. 어쩌면 그 포기가 진짜 자신의 꿈을 찾는 소중한 기회가 될지도 모르기 때문이다. 또한 갈등의 시간을 거쳐 계속되는 꿈은 더욱 견고하고 단단해질 것이다. 그런 의미에서 고학년 아이들의 갈등과 고민은 소중하고 모두 의미가 있다.

나는 담임교사 추천서에 장미의 두 가지 강점을 적어주었다. 그리고 한 달 후 쯤, 장미는 영재원에 합격했다는 기쁜 소식을 전해왔다.

일찍부터 특정 분야에 재능을 보여 진로를 정한 아이가 아닌 이상 많은 부모들은 자녀의 진로에 대해 이런저런 고민이 많다. 하지만 그 진로가 특정 직업을 정하는 일이거나, 대학의 전공을 선택하는 일로 한정되어서는 곤란하다. 내 생각에 부모가 해줄 수 있는 진로교육의 가장 으뜸은 아이가 자신이 가지고 있는 '내적인 힘'을 찾아가도록 도와주는 게 아닐까 싶다.

3장

친구관계

무소불위의 '절대 권력'

부모들은 아이들이 학교에서 친구와 사이좋게 지내기를 바란다. 그래서 아이가 친구와 싸웠다는 전화를 받거나, 학교에 다녀온 아이가 친구 때문에 속상하다는 이야기를 하면 부모의 마음도 덩달아 힘들어진다.

고학년이 되면 아이들의 친구관계는 훨씬 다양하고 복잡한 양상을 보인다. 남자아이들은 신체적으로 치고받으며 상호작용을 하다 보니 한눈에 그 양상이 보이지만, 여자아이들은 작은 눈빛 하나 손짓 하나로 자기들끼리 상호작용을 하기 때문에 관계가 수면 위로 잘 드러나지 않는다.

문제가 수면 위로 드러났을 때에는 이미 감정이 상할 대로 상한 후인 경우가 대부분이다.

단짝 친구

친구관계는 아이의 기질이나 관계에 대한 욕구가 많이 반영된다. 화장실을 가도 꼭 친구와 함께 가고 싶어 하는 아이가 있는가 하면, 쉬는 시간에 친구들과 어울리는 것보다는 자기 자리에서 혼자만의 활동에 집중하는 것을 더 좋아하는 아이들도 있다.

특히 고학년 여자아이들의 친구관계는 역동적이어서 작은 일로 감정이 상해 갈등하거나, 또 반대로 작은 일로 감정이 깊어져 둘도 없는 단짝을 형성하기도 한다.

주로 여자아이들이 단짝 친구를 만드는 경우가 많은데, 이런 관계는 아주 견고해서 다른 친구들이 관여하거나 비집고 들어갈 틈조차 주지 않는다.

항상 붙어 다니는 친구

"선생님, 이번 체육시간에는 피구해요."

피구는 아이들이 좋아하는 체육활동 중 하나다. 피구 경기를 할 때 가장 중요한 것은 편을 나누는 일이다. 잘하는 친구가 더 많이 몰리는 편이 아무래도 승리할 확률이 높기 때문이다. 그래서 늘 서로 누가 어느 팀으로 가는지가 초미의 관심사다.

이날 나는 아이들이 원하던 피구를 하기로 했다. 그런데 내 눈에 이상한 장면이 포착됐다. 서로 한 명씩 팀을 나누는데 갑자기 한 편에 두 명이 들어가는 거였다. 그런데 아이들 반응이 이상했다. 분명 한쪽 팀 인원이 넘치는 상황인데도, 그 상황에 대해 아무도 대꾸하지 않는 것이다. 다른 때 같으면 불공평하다고 드세게 항의했을 텐데, 아이들은 당연하다는 듯 아무 말도 하지 않았다. 결국 그 모습을 지켜보던 내가 나섰다.

"잠깐만, 이쪽 편에 아라와 수정이가 함께 들어가면 인원수가 맞지 않잖아! 아라와 수정이가 각각 다른 편으로 갈라져야겠다."

그때 예서가 나서서 사태를 수습했다.

"아, 선생님! 제가 다른 편으로 옮길게요. 그럼 인원수가 딱 맞으니 괜찮아요."

아이들도 예서의 말에 동의하면서 자연스럽게 경기를 시작했다.

나는 체육시간이 끝난 후 조용히 예서에게 다가가 물었다.

"예서야, 아까 피구할 때 편을 나누면서 우리 반 아이들이 아라와 수정이가 같은 편이 될 수 있게 일부러 봐주는 것 같던데?"

"네, 맞아요."

"왜? 누구나 친한 친구끼리 같은 편을 하고 싶잖아! 하지만 우리 반은 지난번에 그런 것 없이 규칙대로 나누기로 했는데, 왜 아이들이 유독 아라와 수정이는 봐주는 걸까?"

"그게 저……, 아마 아라 때문일 거예요."

예서는 더 이상은 말하기가 곤란한지 이렇게 대답하곤 자리를 피했다.

체육시간에 우리 반 아이들이 아라와 수정이에 대해 보여줬던 행동에서 나는 아이들 사이에 형성되어 있는 암묵적인 합의를 느낄 수 있었다.

아라와 수정이는 단짝 친구다. 어디를 가도 둘이 함께 다니고 항상 둘이서만 이야기를 나눈다. 이런 친구가 있다는 것은 서로에게 마음 든든하고 좋은 일이다. 그런데 그 단짝 친구 사이가 서로 대등한 관계가 아니라면 문제가 생긴다.

숙제를 대신해주는 친구

아라는 1, 2학년 때부터 친구관계를 주도하던 아이였다. 소꿉놀이를 해도 꼭 자신이 하고 싶은 엄마역할을 하고, 공주와 시녀 놀이를 할 때도 항상 아라가 공주역할을 맡았다. 놀이 종목을 고를 때도 항상 자신이 하고 싶은 것 위주로 정했다. 하지만 아라의 주변에는 항상 친구들이 끊이지 않았고, 그런 아라의 행동에 대해 불만을 품는 아이도 많지 않았다.

하지만 고학년이 되면서 항상 자기가 원하는 것만 주장하던 아라와 친구들 사이에 의견이 부딪히는 횟수가 점점 늘어났다. 수없이 싸움과 갈등을 반복하면서 고학년이 되자, 아라도 나름대로 생각을 바꾸었다. 모든 상황에서 자신이 주도권을 잡으려던 마음을 접고, 대신 자신의 뜻을 잘 따라주는 몇 명의 친구하고만 관계를 맺었다.

우리 반에서 아라에게 선택된 친구가 소민이와 수정이었다. 소민이는 전학을 와서 아직 친한 친구가 없었고, 수정이는 조용하고 수동적인 성격의 아이였다. 아무래도 관계에서 주도권을 갖는 것이 아라의 특징이다 보니, 아라와 친하게 지내는 친구들은 아라와 반대의 기질을 지닌 아이들이 많았다.

수정이는 삼남매 중 막내로 오빠가 두 명 있었다. 막내딸이니 집안의 귀여움을 독차지할 만도 한데, 오히려 그 반대였다. 입고 다니는 옷이나 행동이 선머슴 같은 느낌이 들 때가 많았다. 언제나 머리는 부스스했고 입술도 바짝 말라있을 때가 많았다. 집에서 막내딸로 귀여움과 예쁨을 많이 받겠다는 말에도 고개를 절레절레 흔들며 말했다.

"아니에요. 오빠들은 매일 저한테 라면 끓여오라고 심부름이나 시키고, 엄마 아빠도 저를 '못난이'라고 불러요."

집에서 수정이의 별명은 '못난이' 말고도 하나가 더 있었다. 바로 '덜렁이'였다. 덜렁대다가 물건을 망가트리거나 잊어버리는 경우가 많았기 때문이다. 수정이의 그런 특징은 학교에서도 자주 볼 수 있었다. 그런데 아라가 수정이 곁에서 이것저것 챙겨주니까 수정이한테는 좋은 면도 있었을 것이다. 자기생각이 강하지 않은 수정이는 아라가 하자는 대로 해도 괜찮았다.

소민이는 학교에 적응하고 친구들을 많이 사귀면서 아라와 관계가 멀어졌다. 하지만 수정이는 상황이 달랐다. 학교에 올 때도, 집에 갈 때도 둘은 항상 붙어 다녔고, 나중에는 학원도 함께 다니면서 그야말로 하루 종일 붙어 다니는 단짝 친구가 되었다.

나는 이런 둘의 관계가 탐탁히 여겨지지 않았다. 특히 무엇보다 수정이가 걱정이 되었다. 하지만 그렇다고 내가 나서서 두 아이를 떼어 놓을 수도 없는 노릇이라, 나는 그렇게 불편한 마음으로 두 아이를 지켜볼 수밖에 없었다.

그러던 어느 날, 쉬는 시간에 아라가 갑자기 수정이에게 짜증을 내는 모습이 보였다.

"야, 그걸 지금 하면 어떡해. 어제 집에서 미리 했어야지."

"왜 그래? 무슨 일인데?"

내가 다가가 묻자, 아라가 답답하다는 듯이 대답했다.

"그게, 수정이가 제 학원숙제를 해주겠다고 했는데, 안 해왔지 뭐예요. 이거 지금하면 학원 갈 때까지 다 못한단 말이에요."

나는 잠시 내 귀를 의심했다. 자신의 숙제를 친구가 대신 해주기로 했다는 이야기를 너무도 당당하게 말히는 아라의 태도 때문이었다. 심지어 아라는 그 숙제를 해오지 않은 수정이가 잘못이라며 내게 하소연을 했다.

나는 참지 못하고 두 아이를 꾸중했다. 숙제는 스스로 해야지 친구가 대신해주는 게 아니라고. 그걸 해달라고 말하는 아라나 해주기로 한 수정이 모두 잘못이라고 짚었다. 하지만 아라는 내 말에 더 억울해했다. 수정이가 해주기로 약속을 했으니 자기는 잘못이 없다는 얘기다. 수정이도 옆에서 거들었다. 자신이 약속을 지키지 못했으니 아라가 화내는 게 당연하다고.

두 아이의 이상한 우정에 나는 그만 할 말을 잃고 말았다.

둘 사이가 정말 우정이었을까?

부모의 사랑을 듬뿍 받으며 자라서 하고 싶은 일은 뭐든지 할 수 있었던 아라는 학교에서도 타인과 그런 관계만을 추구했다. 반면 어렸을 때부터 네가 하고 싶은 것이 무엇인지 질문 받아본 적이 없고, 막내이다 보니 가족들이 하자는 대로 따르기만 하던 수정이는 학교에서도 자신을 끌어주고 먼저 하자고 말해주는 관계가 편했다. 그러니

이 둘은 어쩌면 찰떡궁합의 관계였다.

하지만 아라는 관계에 대한 욕구가 강한 아이다. 수정이와의 관계는 안정적이지만 역동적인 무언가가 빠져 만족하지 못했던 것 같다. 한동안 수정이한테만 집중하는 듯했던 아라가 2학기가 되자 친구관계에 변화를 가져왔다.

아라는 친구들 사이에서 불화와 갈등으로 잠시 밀려나 외톨이가 된 지혜가 눈에 들어왔고, 지혜에게 다가갔다. 그 뒤로는 쉬는 시간이 되면 지혜, 아라, 수정이 이렇게 셋이 모여 있는 모습이 자주 눈에 띄기 시작했다.

그런데 이 관계를 자세히 들여다보면 조금 이상한 점이 있었다. 분명 셋이 함께 있기는 하지만 주로 지혜와 아라만 이야기를 나눴고, 수정이는 그 옆에 가만히 앉아 있기만 했다. 둘은 깔깔대며 웃기도 하고 갑자기 목소리를 낮춰 누군가의 흉을 보는 듯이 소곤소곤 했지만, 수정이는 거의 끼지 못했다. 아니 그들이 수정이를 끼워주지 않는다는 표현이 더 정확할 것 같았다. 그렇다고 수정이가 기분 나빠하지도 않았고, 그 둘 사이에서 멀어지지도 않았다. 늘 그렇듯이 수정이는 괜찮다는 표정으로 그대로 거기에 있었다.

이들의 관계를 지켜볼 수밖에 없는 나는 아라가 진심으로 안쓰러워졌다. 아라 인생에서 이 시기는 그리 오래 가지 않을 것이다. 사람들은 누구나 시간이 지나면 건강하지 않은 관계를 인식한다. 그걸 깨닫게 되면 사람들은 누구나 할 것 없이 떠난다. 수정이처럼 아무리 친했던 단짝 친구라도 아라 곁을 떠날지 모른다. 그때가 오면 아라는 외로움을 느낄 것이다. 더구나 관계에 대한 욕구가 강한 아이라서 어쩌면 그 외로움은 내가 생각하는 그 이상일지도 모른다.

아이들은 가정에서 부모와의 관계를 통해 가장 먼저 타인과 상호작용하는 법을 배운다. 아이에게 부모로서 사랑을 듬뿍 주는 일은 중요하다. 하지만 그 사랑도 아이의 기질과 관계 욕구 등에 따라 양을 조절해주어야 한다. 내성적이고 소극적인 기질을 타고난 아이에게는 조금 넘치는 사랑도 괜찮지만, 적극적이고 관계에서 주도권을 가지려는 기질을 타고난 아이에게는 사랑을 주는 동시에 상대를 이해하고 배려하는 훈육도 반드시 함께해야 한다. 그래야 아이도 친구들 사이에서 건강한 상호작용을 할 수 있는 힘을 배울 수 있다.

전학 온 아이

 아이를 전학시켜야 할 경우에 부모가 가장 걱정하고 마음이 쓰이는 건 '친구관계'이다. 게다가 고학년의 경우는 이미 몇 년 동안 지속된 친구관계가 있기 때문에 전학 온 아이가 낯선 환경에 적응하면서, 아이들과 어울려 친한 친구를 사귀는 게 생각만큼 쉽지 않다.
 또 고학년 아이들 사이에 나름대로 또래관계의 역동이 자리 잡은 뒤라 새로 전학 온 아이는 그 역동의 어디쯤 자리를 잡아야 하는지 시도해보는 과정에서 크고 작은 갈등을 겪게 마련이다.

전학 와서 사귄 첫 친구

 우리 반에도 3월 초 새로운 전학생이 왔다. 전학생 소민이는 붙임성이 좋은 성격이다. 반 친구를 만나면 인사도 잘하고, 이것저것 모르는 건 먼저 나서서 물어보기도 했다. 그러더니 며칠 지나지 않아

같이 다니는 친구도 생겼다.

"선생님, 미현이가 저희 집이랑 같은 아파트 산대요. 그래서 집에 갈 때 같이 가기로 했어요."

"그래? 정말 잘 됐구나."

소민이가 학교에 잘 적응하고, 친구도 생겼다는 건 담임교사 입장에서 아주 반가운 소식이었다. 아이의 학교적응을 걱정했던 소민이 어머니도 안도하며 기뻐하셨다. 그런데 정작 그렇게 부모와 교사가 한시름 놓을 때쯤 스멀스멀 좋지 않은 기운이 피어오르기 시작했다.

"소민아, 오늘도 집에 갈 때 나랑 같이 가자."

예전과 다름없이 하교시간이 되자 미현이가 먼저 소민이에게 다가와 말했다.

"그래."

"그런데 너 오늘 시간 괜찮아?"

"응. 왜?"

"옆 반 현아랑 쇼핑몰 구경 가기로 했는데 같이 갈래?"

"음, 글쎄……. 엄마한테 물어봐야 해."

쇼핑몰은 버스를 타고 두세 정거장 거리에 있는 상가 밀집 지역에 있었다. 평소 집과 학교만 오가던 아이들 사이에서 쇼핑몰 구경은 작은 일탈에 해당하는 일이었다. 하지만 반대로 자기들끼리 몰려다니며 마음껏 구경하고 소소한 물건들을 사는 것에 대해 작은 해방감을 맛보는 아이들도 있었다. 미현이는 후자에 해당하는 아이였다. 하지만 소민이는 아직 한 번도 그런 일을 해본 적이 없었다.

"너희 엄마 직장 때문에 늦게 오신다며? 한두 시간만 놀다 가면 엄마는 모르실 거야."

"그래도 그건……."

"네가 전학 와서 잘 몰라서 그래. 우리 동네 아이들은 다 쇼핑몰에 놀러 다녀."

"난 돈도 없어. 교통카드도 집에 두고 왔어."

"그래?"

잠시 생각하던 미현이는 다시 흔쾌히 말했다.

"그럼 돈은 내가 빌려줄게. 그러니까 같이 가자. 응?"

"그럼 엄마한테 전화해서 한번 물어볼게."

그러자 갑자기 미현이가 버럭 소리치며 화를 냈다.

"야, 너 진짜 너무한 거 아니냐? 가기 싫으면 관둬! 쳇, 기껏 생각해서 말했더니!"

미현이는 휙 돌아서 나가버렸다. 소민이는 마음에 갈등이 일었다. 전학을 와서 처음 사귄 친구인데, 이대로 관계가 끊어질까 걱정이 되었다. 하지만 한편으로는 미현이를 이해할 수 없었다. 엄마한테 허락을 받겠다고 말한 것뿐인데 그게 화를 낼 일인가 싶었다. 결국 소민이는 혼란스럽고 어수선한 마음으로 혼자 집에 돌아가야만 했다.

다음 날 미현이는 소민이에게 차갑게 대했다. 왠지 미안해진 소민이가 먼저 용기를 내어 다가갔다.

"미현아, 어제는 미안했어."

"응, 그래."

짧은 한마디가 다였다. 더 이상 자기를 쳐다보지도 않는 미현이 앞에서 어색하게 서 있던 소민은 그냥 자리로 돌아올 수밖에 없었다. 그런데 하교시간이 되자 미현이의 태도가 달라졌다. 언제 그랬냐 싶게 명랑한 태도로 소민이에게 다가왔다.

"소민아, 집에 갈 때 우리 떡볶이 사 먹을래?"

소민이는 잠시 머릿속이 복잡해졌다.

"응, 좋아."

그렇게 소민이와 미현이의 관계는 다시 지속되었다. 사실 미현이 외에는 아직 친하게 지내는 친구가 없어서, 소민이에게는 별다른 선택의 여지가 없었다. 그 후에도 둘은 이런 식으로 싸우고 화해하기를 반복하였다.

갈등, 그리고 새로운 친구들

"소민아, 우리 오늘 서경이네 집에 놀러 갈래?"

"서경이가 누군데?"

"1반인데 나랑 같은 학원에 다녀. 오늘 서경이네 집에 부모님이 안 계셔서 같이 놀기로 했어."

소민이는 얼굴도 모르는 친구 집에 놀러가자니 딱히 마음이 내키지 않았다.

"왜? 가기 싫어? 싫으면 말고!"

"응, 엄마가 모르는 친구 집에는 함부로 가는 거 아니랬어."

소민은 처음으로 마음을 다부지게 먹고 말했다.

"그래, 알겠어. 그럼, 잘 가!"

미현이는 차갑게 말하고 뒤돌아섰다.

그리고 다음 날, 소민이는 황당한 일을 겪었다. 친구들이 자신을 두고 수군대는 소리를 들은 것이다. 자신이 서경이란 친구가 별로여서 같이 놀기 싫다고 말했다는 이야기였다. 다른 친구들 입장에서는 전학 온 소민이가 이상하게 보일만 한 소문이었다.

아이들 사이에서 소문은 일파만파로 퍼져 급기야 1반 아이들이 소민이의 얼굴을 보겠다고 쉬는 시간에 우리 반에 들이닥치는 일까지 발생했다. 내가 아이들의 문제를 인지하게 된 시점도 이즈음이었다.

"소민아, 그러지 말고 여기 있어."

"그래, 교실에 있다가 우리랑 같이 집에 가자."

하굣길 여자아이들 몇몇이 집으로 가지 않고 복도 끝에 모여서 웅성거렸다.

"왜 그래? 무슨 일 있니?"

내 질문에 소라가 나서서 설명을 했다.

"아, 지금 소민이가 미현이 때문에 힘들어 해서 저희가 함께 있어 주는 거예요."

"응? 소민이가 왜?"

"아, 그게……. 미현이가 자꾸 다른 반 아이들한테 소민이에 대해 이상한 소문을 말하고 다녀요. 소민이가 하지도 않은 말을 했다고 하니까, 다른 반 아이들이 소민이를 오해했어요. 지금도 1반 아이들이랑 미현이가 소민이를 기다려서 우리가 함께 있어주려고요."

아이들을 통해 그동안의 일을 듣고, 나는 미현이와 소민이를 따로 불러서 상담했다. 미현이는 순순히 자기 잘못을 인정하고 소민이에게 사과했다. 같이 놀자고 해도 소민이가 자꾸 거절하니까 기분이 상해서 그랬다고 했다. 미현이의 사과로 이 사건은 일단 마무리되었다.

하지만 사실 나는 이후가 더 걱정스러웠다. 여자아이들의 감정은 그렇게 쉽게 정리되지 않는다는 걸 나는 경험상 잘 알고 있기 때문이다. 그러나 한편으로는 안심되는 면도 있었다. 이번 일을 통해 소민이의 저력을 보았기 때문이다.

전학 온 뒤로 소민이는 늘 미현이와 함께 다녔지만, 그래도 소민이가 난처한 상황을 겪게 되었을 때 다른 친구들이 나서서 도와주는 걸 보면 틈틈이 다른 친구들과도 좋은 관계를 맺었다는 걸 알 수 있었다.

또래관계의 역동

아이들의 또래관계는 대부분 고학년 때 친밀하게 형성된다. 물론 저학년 때도 친한 친구가 있지만, 친구관계가 깊어지는 시기는 고학년 때부터다. 그러다 보니 저학년 때 전학을 하면 쉽게 친구를 사귀는 편이지만 고학년의 경우에는 문제가 좀 다르다.

고학년 아이들 사이에 나름대로 또래관계의 역동이 자리 잡은 뒤라 새로 전학 온 아이는 그 역동의 어디쯤 자리를 잡아야 하는지 시도를 해보는 과정에서 크고 작은 갈등을 겪는다. 하지만 또 이런 경험들이 아이에게는 친구관계 형성에 좋은 경험이 될 수도 있다.

그리고 여자아이와 남자아이의 차이를 볼 때, 남자아이들은 상호작용보다는 신체적인 놀이를 통해 쉽게 친해지는 경향이 많다. 그래서 남자아이들은 전학했을 때 적응이 비교적 쉬운 편이다. 하지만 여자아이들은 서로 간의 긴밀한 유대를 관계의 기본으로 삼기 때문에 전학 온 아이가 그 유대관계를 형성하기까지 다소 시간이 걸리곤 한다.

하지만 이 모든 것들도 아이들의 기질에 따라서 각각 다른 양상을 보인다. 물론 아이의 성격이 사교적이면 대부분의 아이들은 전학 온 새 친구에게 관심을 보이며 다가가고 잘 받아들이는 편이다.

전학생 소민이는 새 학교에 완전히 적응하기도 전에 첫 친구와의 관계에서 문제가 생기면서 혼란과 갈등의 시간을 보내야 했다. 하지만 소민이가 어려움을 겪을 때 도움을 주는 새로운 친구들을 사귈 기회도 얻을 수 있었다. 이제 친구들과의 관계에서 어떻게 방향을 잡을지는 순전히 소민이의 몫이었다.

스스로 한 뼘 더 성장할 수 있도록

소민이의 고민은 이제부터였다. 미현이와 한번 맺은 끈을 끊기도 쉽지 않고, 그렇다고 '나 더 이상 너랑 놀기 싫어!'라고 말하기도 어려웠다. 소민이는 간접적인 우회 방법을 선택한 듯했다.

"소민아, 오늘 저녁 때 놀이터에서 같이 놀래?"

오늘도 미현이가 먼저 제안했다.

"미안해! 오늘은 학원을 가야 해."

"너 화요일에는 학원수업 없잖아?"

"응, 그런데 갑자기 학원보충이 잡혔어."

소민이는 엉겁결에 거짓말을 해버렸다. 어떤 식으로라도 미현이와 더 이상 관계를 이어가고 싶지 않았기 때문이다.

하지만 그렇다고 해서 소민이의 어려움이 완전히 해결된 것은 아니다. 내가 해결책을 내줄 수도 있겠지만, 그것이 진정으로 소민이를 위한 방법이라는 생각이 들지 않았다.

고학년 아이들은 문제에 부딪혔을 때 그 문제를 해결하기 위해 노력하는 과정에서 스스로 옳고 그름을 판단하면서 자기만의 가치관을

세운다. 그런데 그러한 과정에서 바로 부모나 교사가 개입하면 때로는 혼란을 가져올 수 있다. 어른들이 올바른 가치관 형성을 돕는다고 강조하는 것들이 사춘기 아이들에게 때로는 더 반감을 불러일으켜 오히려 반대로 튀어나가려는 경향이 생길 수도 있어서이다.

나는 아이가 스스로 한 뼘 더 성장할 수 있도록 곁에서 조용히 지켜봐주기로 했다. 그러던 중 어머니와 상담을 통해 나는 소민이 마음의 변화를 읽을 수 있었다.

"선생님, 요즘 들어 소민이가 부쩍 '노는 아이'가 싫다는 말을 자주 해요. 그래서 제가 어떤 친구가 '노는 아이'냐고 물었어요. 그랬더니 쇼핑몰 같은 곳을 친구들끼리 자주, 그것도 늦은 시간까지 돌아다니는 아이, 그리고 벌써부터 화장하는 아이들이라고 하더라고요. 아마 미현이를 두고 한 말인 것 같아요."

소민이는 친구관계로 여러 가지 일을 겪으면서 '친구'에 대한 생각을 정리한 모양이다. 소민이가 말한 '노는 아이'라는 말 속에 아이의 가치관이 담긴 듯했다. 학교에서 만나는 많은 친구들 중에는 여러 종류의 아이들이 있다. 자신은 '노는 아이'보다 그렇지 않은 쪽의 아이들, 즉 '해야 할 것'과 '하지 말아야 할 것'을 구분할 수 있는 친구를 사귀어야겠다고 생각한 것이다.

이런 소민이의 성장은 전학을 오지 않았더라면 얻을 수 없는 일이기도 하다. 때때로 이렇게 아이들에게 찾아오는 어려움은 큰 배움의 장으로 재탄생하는 기회가 된다. 물론 모든 아이들이 어려움을 겪고 건강한 쪽으로 성장하는 것은 아니다. 반대로 어려움을 잘 극복하지 못하고 상처로 남을 수도 있다.

하지만 소민이는 건강하게 이겨내고 있었다. 소민이는 이제 미현이를 만나도 예전처럼 꺼려하거나 피하지 않았다. 그렇다고 더 이상 미현이와 친하게 지내지도 않았다. 왜냐하면 이미 소민이 옆에는 좋은 친구들이 많이 생겼기 때문이다.

소민이의 건강하고 당당한 기질은 어느 새 주위에 많은 친구들을 모이게 하는 힘으로 작용했다. 이제는 전학 온 아이라는 낯선 감정은 모두 잊고 완벽하게 아이들 속에 녹아들어 친구들과 함께 울고 웃으며 즐거운 시간을 보내게 되었다.

아이가 어려움을 겪거나 문제에 봉착했을 때 어른들은 당연히 나서서 도와주는 것이 어른의 역할이라고 생각한다. 하지만 고학년이 되면 모든 상황에서 어른의 도움이 득이 되는 것은 아니다. 어떤 때는 아이 스스로 좌충우돌하며 깨지고 다치면서 더 많은 것들을 배우기도 한다. 그리고 그 경험을 통해 아이는 인생의 소중한 자양분이 되는 삶의 가치들을 깊이 생각하고 이치를 깨달아 알게 된다. 고학년 아이들에게는 이제 믿고 지켜봐주는 여유도 필요하다.

우리 학교 짱?

고학년쯤 되면 남자아이들 사이에서 보이지 않는 서열이 존재하는 경우가 있다. 그래서 '우리 학교 짱'이 누구인지에 대한 이야기를 아이들 사이에서 심심찮게 들을 수 있다.

물론 이런 말을 듣는 어른의 마음은 편치 않다. '아이들의 세계에도 권력과 서열이 존재하는구나.' 하는 생각에 언짢은 마음이 들기도 한다.

나도 학교에서 일명 '학교 짱'이라는 아이를 만나고 가르치는 경우가 있다. 물론 이 아이가 나쁜 방향으로 친구들을 몰고 가는 경우도 있다. 하지만 친구관계에서 우위를 선점한다고 해서 모든 아이들이 자기 마음대로만 하는 건 아니다. 아직 어린 나이지만 훌륭한 리더로서의 자질을 충분히 발휘하는 아이들도 분명 있다.

친구들에게 영향력을 미치는 아이

초등학교 중에는 체육 종목 한 가지를 전문적으로 키우는 학교가 있다. 내가 다니던 초등학교에는 남자 배구부가 있었다. 배구대회에 학교를 대표해서 출전하는 만큼, 학교에서 따로 전문 코치를 영입해 배구부에 들어온 아이들을 방과 후에 체계적으로 훈련시킨다.

그런데 때로 배구부 선수 영입에 난항을 겪기도 했다. 6학년 아이들이 졸업을 하면서 생긴 공백을 새로 올라오는 고학년 아이들로 채워야 하는데 지원자가 턱없이 모자랄 경우가 있기 때문이다. 배구는 단체 경기다 보니 기본적인 인원수가 채워지지 않으면 곤란했다.

이런 문제가 생기면 학교에서는 고학년 담임교사들에게 아이들을 독려해서 배구부 지원자를 늘려달라는 교장선생님의 지시가 떨어진다. 교사 입장에서는 쉽지 않은 일이다.

"선생님이 고민이 하나 있어. 너희들도 우리 학교에 배구부가 있는 것 알지? 그런데 이번에 지원자가 부족해서 교장 선생님께서 배구부에 운동을 잘하는 친구들이 지원하도록 부탁하셨어. 그런데 사실 배구부에 들어가면 운동을 할 수 있는 건 좋지만, 매일 방과 후에 훈련을 받아야 하고, 시합이 있을 때는 수업도 빠져야 하는데……. 이런 힘든 상황을 다 알면서 너희에게 지원하라는 말이 쉽게 나오지는 않는구나."

고민 끝에 나는 아이들에게 솔직히 이야기하는 방법을 선택했다. 아이들은 '선생님의 고민'이라는 말에 좀 더 귀를 기울이더니 방법들을 제시하기 시작했다.

"배구부를 아예 없애버려요."

"그것도 방법이긴 한데, 그럼 지금까지 열심히 훈련한 배구부 아이들이 곤란해지잖아."

내 말에 다른 아이가 동의했다.

"맞아요. 옆 반의 석환이도 배구부인데, 1년 넘게 진짜 열심히 훈련했어요. 그렇지 않아도 이번에 배구부가 없어질까 봐 전전긍긍하더라고요!"

"진석아, 네가 배구부 지원해라. 너 운동 잘하잖아!"

"싫어! 우리 엄마가 운동하면 공부할 시간 없다고 하지 말랬어."

아이들과 토론한다고 해서 해결책을 찾기는 쉽지 않았다. 그래도 일단 배구부 신청서를 내주며 부모님과 함께 고민해보도록 했다.

그날 오후, 아이들이 하교한 뒤에 혼자서 교실을 정리 중일 때, 갑자기 남자아이들 대여섯 명이 우르르 들어왔다.

"선생님, 저희 배구부 지원하기로 했어요."

재우가 말했다. 그런데 몰려온 아이들 중 우리 반 아이는 재우뿐이고 나머지는 다른 반 아이들이 고루 섞여 있었다. 자초지종을 들어보니, 재우가 아이들을 설득해 함께 배구부에 들어가자고 했다는 거였다. 그렇게 학년에서 운동 좀 한다는 아이들 네 명이 모였다.

"그래. 지원해준 거는 고마운데, 일단 부모님께 허락을 먼저 받아야 해. 오늘 집에 가서 부모님께 말씀 드리고 신중하게 생각해보고 결정하도록 해. 친구가 하자고 해서 쉽게 결정할 문제는 아니니까, 알겠지'?"

아이들이라 쉽게 분위기에 휩쓸렸을 수도 있고, 무엇보다 우리 반 재우가 나섰다는 것도 마음에 걸려 이렇게 말했다. 분명 네 명 중 일부는 포기하는 아이들이 생길 거라 생각했다.

그런데 내 예상은 정확히 빗나갔다. 다음날 네 명의 아이들은 모두 학부모 동의까지 받아왔고, 정식으로 배구부에 가입해 열심히 활동했다. 나는 배구부 코치 선생님께 아이들의 상황을 물어보았다.

"그렇지 않아도 선생님께 고맙다는 인사를 드리고 싶었습니다. 이번에 재우가 큰 힘이 되어주었거든요. 재우는 아이들 사이에서 영향력이 대단할 뿐 아니라, 훈련에도 제일 성실하게 참여하고 있어요."

코치 선생님의 칭찬에도 나는 마음이 편치 않았다. 여러 가지로 걱정되는 부분이 있었기 때문이다. 정말 아이들 말대로 재우가 아이들에게 막강한 영향력을 행사할 수 있는 '학교 짱'이라도 되는 걸까 하는 걱정이 앞섰기 때문이다.

고학년쯤 되면 남자아이들 사이에서 보이지 않는 서열이 존재하는 경우가 있다. 나로서는 아이들에게 좋은 영향을 미치는 일이 아니라고 생각해서 이런 낌새가 보이면 늘 먼저 단속을 하곤 했다. 그런데 재우에게는 이 방법이 잘 통하지 않았다. 일단 내가 뭐라고 잔소리할 만한 꼬투리가 잡히지 않았다.

재우 카드

재우는 인사성도 바르고 학교규칙도 잘 지켰다. 공부를 썩 잘하는 것은 아니었지만 그렇다고 야단을 칠만큼 못하지도 않았다. 무엇보다 재우는 운동을 정말 잘했다. 특히 축구를 할 때는 재우를 따라갈 사람이 아무도 없었다. 덕분에 다른 반과 축구시합을 하면 우리 반은 항상 우승을 차지하곤 했다.

"이번에도 선생님 반이 우승했네요. 정말 좋으시겠어요."

내가 잘한 것은 아니지만, 이런 소리를 들을 때마다 어깨가 으쓱해지는 것은 어쩔 수 없는 노릇이었다.

특히 남자아이들은 재우의 말이라면 정말 잘 들었다. 그래서 나는 아이들이 말을 듣지 않을 때 가끔 재우 카드를 사용했다.

"재우야, 강세가 숙제를 해오지 않아서 선생님이 점심시간에 숙제를 끝마쳐야 축구하러 나가게 해준다고 했더니, 엄청 불만이 많은가 보다. 지금 강세가 나한테 이러면 안 되는 거 맞지?"

"네, 그러면 안 되죠."

친한 친구인 재우까지 동의하자 강세는 입이 더 튀어나왔다. 그러더니 대뜸 이렇게 말했다.

"내가 빠지면 우리 팀 축구전력에 심각한 문제가 생긴단 말이에요. 5반이랑 친선경기 있는데…….."

"재우야, 정말 우리 반 전력에 손실이 크니?"

그러자 눈치 빠른 재우가 내 편을 들어줬다.

"강세가 빠진 만큼 제가 더 열심히 뛰면 돼요. 강세야, 숙제 빨리 끝내고 나와라!"

그러더니 재우가 공을 들고 운동장으로 달려 나갔다. 믿었던 친구의 배신에 강세는 분통을 터뜨렸다.

"아~ 진짜, 저 의리 없는 놈!"

그러더니 어쩔 수 없다는 듯 책상에 앉아 숙제를 시작했다.

재우의 활약은 그뿐만이 아니었다. 재우의 존재는 학급을 운영하는 데 있어서도 도움이 되었다. 사실 고학년은 사춘기에 접어드는 아이들도 많기 때문에 교사로서 아이들을 통제하는 데 어려움이 많다. 그런 점 때문에 나도 고학년 담임을 할 때면 마음의 준비를 단단히 하곤 했다. 특히 남자아이들이 흥분했을 때의 행동은 상상을 초월했다. 내 힘으로는 제압하기 어려운 상황도 종종 발생했다. 그런데 그런 상황에서 재우가 '야, 이제 그만하자.'고 말하면 놀랄 만큼 금방 상황이 종료되었다.

우리 반에는 지적장애를 가진 병수라는 아이가 있다. 축구규칙을 잘 이해하지 못해 손으로 축구공을 잡는 등 의도치 않은 실수로 경기

진행에 종종 문제가 생겼다. 승패에 민감한 남자아이들은 병수가 일부러 그런 게 아니라는 것을 잘 알면서도 순간적으로 분노의 감정을 잘 조절하지 못했다. 그때마다 나도 마음이 조마조마했다.

그러다 결국 큰 문제가 터지고 말았다. 3반과 중요한 승부를 앞둔 경기에서 병수가 그만 자살골을 넣고 만 것이다. 흥분한 아이들이 병수에게 달려들었다.

"아, 진짜! 야, 거기서 자살골을 넣으면 어떡해!"

"저 자식 일부러 그런 것 아니야?"

나는 놀라서 병수에게 달려갔다. 그런데 혼자 힘으로 아이들을 말리기에는 역부족이었다. 일단 병수를 데리고 자리를 피하려고 했더니, 병수도 내 말을 듣지 않고 안 가겠다며 버티고 서 있었다.

그때 재우가 나섰다.

"자, 됐어. 이제 그만들 해."

재우는 흥분한 친구들을 진정시키며 다른 쪽으로 아이들을 데리고 갔다. 재우의 말에 다른 녀석들은 투덜대면서도 더 이상 문제 삼지 않고 물러섰다.

그날 이후 재우에게는 자연스럽게 하나의 임무가 더 생겼다. 바로 아이들과 어울려 축구를 잘할 수 있도록 병수를 도와주는 것이다. 내가 병수도 끼워줘야 축구를 할 수 있게 해주겠다는 조건도 내걸었기 때문에, 절대로 축구를 포기할 수 없는 우리 반 아이들도 마지못해 약속을 했다. 그리고 이것은 재우의 리더십이 돋보이는 기회가 되었다.

그동안 친구들과 함께 놀지 못했던 병수는 평생 처음으로 마음껏 축구를 하며 아이들과 함께 뛸 수 있는 기회를 갖게 되었다. 재우의 중재로 아이들과 의논한 끝에 병수가 얻은 포지션은 골키퍼였다. 병수에게는 너무나 소중한 역할이었다.

병수는 엄마를 졸라서 골키퍼 전용 장갑까지 사서 끼고 왔다. 장갑뿐이 아니었다. 언제부턴가는 축구공까지 사서 매일 들고 등하교를 했다. 가방에, 축구공까지 들고 다니기가 힘들어 보여서 학교에 두고 다니라는 내 말에도 병수는 잊어버리면 안 된다며 마치 보물 다루듯 소중히 들고 다녔다. 병수에게는 아이들과 소통할 수 있는 유일한 놀이가 축구다 보니 그 시간이 너무 소중하고 좋았던 것이다. 병수의 이런 변화도 사실 재우가 있었기에 가능한 일이었다. 사실 재우 덕분에 가장 큰 수혜를 입은 사람은 바로 나였다.

진정한 리더

처음에 나는 재우의 리더십을 불신했다. 아이들이 입을 모아 재우가 '우리 학교 짱'이라고 말하고, 재우 말이라면 뭐든지 하는 아이들을 보면서 아이가 그 힘을 남용하지 않을까 걱정했기 때문이다. 하지만 재우는 그런 내 걱정과 불신을 보기 좋게 무너뜨렸다. 절대로 자신의 힘을 나쁜 일에 사용하지 않았다.

그날도 숙제를 안 해 온 아이들에게 꾸중을 하던 나는 더 이상 이런 방식으로는 안 되겠다는 생각이 들었다. 아이들에게는 칭찬쿠폰도 먹히지 않았고, 벌점도 먹히지 않았다. 오히려 숙제를 하는 것보다 벌점이 쌓여 교실청소 등으로 때우는 게 더 편하다고 생각하는 듯했다. 나는 생각 끝에 아이들이 솔깃할 만한 제안을 했다.

"더 이상 안 되겠다! 선생님이 너희들에게 숙제를 내주는 이유는 공부를 시키기 위한 거다. 그러니까 공부할 내용을 잘 알고 있는 사람은 굳이 숙제를 할 필요도 없겠지. 그런 의미에서 다음 시험에서 목표한 성적을 얻은 사람은 앞으로 숙제를 면제해주겠다. 대신 목표한 성적에 도달하지 못한 사람은 어떤 숙제를 내도 두말없이 해오는 거다."

"우와~, 진짜요? 에이, 그런데 시험에서 어떻게 백점을 받아요."

"백점을 받아야 한다고는 안 했는데……. 모두 성적이 다르니까, 목표 점수는 개인별로 다르게 둘 거야. 자신의 현재 성적에서 20퍼센트를 올리는 게 각자 목표 점수다."

내가 목표한 것은 아이들이 자신의 의지로 조금이라도 공부를 하게 만드는 것이었다. 나의 제안을 몇몇 아이들이 기꺼이 받아들였다. 그중에는 재우도 포함되어 있었다. 사실 그 제안에 가장 눈을 반짝이며 솔깃해하던 아이는 재우였다. 우리는 각자 목표 점수를 적어내는 것으로 약속을 대신했다.

그리고 한 달 후 치른 시험에서 아이들의 희비가 엇갈렸다. 반 아이들 중에 재우만이 목표 점수를 받았다. 내가 보기에도 재우는 정말 열심히 공부했다. 숙제 면제권에 솔깃했던 것이다. 아니, 사실 다른 아이들도 마찬가지였다고 하지만 자신의 의지대로 목표를 이루어낼 수 있는 건 또 다른 능력이었다. 나는 그렇게 행동으로 결과를 멋지게 보여주는 재우가 너무나 기특했다.

재우가 이렇듯 잘 자랄 수 있었던 것은 타고난 선한 기질과 부모님의 엄한 가르침, 그리고 조금 어려운 가정형편이 한몫했을 거라는 생각이 들었다. 재우는 맞벌이를 하는 부모님이 주말에도 일을 나가셔서 일주일 내내 집에 혼자 있었다.

사실 교사인 내 입장에서는 좋은 머리를 타고 난 재우에게 공부를 더 시켜보고 싶은 마음이 굴뚝같았다. 마음만 먹으면 혼자 힘으로 얼마든지 성적을 올리는 재우를 보았기 때문이다. 하지만 재우에게는 운동이 더 좋은 친구가 되었다. 코치 선생님 말씀으로는 주말까지 자발적으로 나와서 열심히 훈련을 한다고 했다. 혼자 있는 시간에 좋아하는 운동도 하고, 유니폼이나 간식 등 학교에서 이런저런 지원을 받는 것도 좋아하는 눈치였다.

재우는 그렇게 시작한 배구를 정말 꾸준히 그리고 열심히 했다. 대회에 나가서도 좋은 성적을 이끈 덕분에 결국 체육 특기생으로 중학교에 진학할 수 있었다.

재우를 통해 나는 중요한 한 가지를 배울 수 있었다. 부모는 보통 자식을 부족한 것 없이 풍족하게 키우는 걸 미덕으로 여기지만, 정작 아이들 입장에서는 조금 부족한 환경이 오히려 더 미덕으로 작용할 수도 있음을 알았다. 교육은 반드시 경제 논리와 비례하는 것만은 아니다. 재우처럼 오히려 부족한 부분이 아이에게 더 큰 기회로 발휘되는 힘이 될 수 있기 때문이다.

우리 반 왕따?

학교폭력과 왕따 문제는 자녀를 둔 부모라면 누구나 신경 쓰지 않을 수 없는 문제이다. 학교를 보내는 일이 몹시 걱정스럽기까지 하다. 도대체 요즘 아이들은 어때서 뉴스에서 접하는 그런 무시무시한 일들을 벌일 수 있나 싶은 생각이 들 정도이다.

하지만 똑같은 일을 현장에서 접하는 나는 아이들 사이에 가해자와 피해자가 정확하게 구분되지 않는다는 것은 알고 있다. 사건 사고 뉴스에 나오는 아이들도 우리가 우연히 지나치는 평범한 옆집 아이인 것이다. 다만, 아이들의 역동이 서로 얽히면서 간혹 위험한 상황으로 번지기도 한다.

우리 반에서 일어났던 왕따 문제를 통해 학교폭력의 가해자와 피해자에 대한 아이들의 진짜 이야기를 들여다보자.

나만 몰랐던 우리 반 왕따 사건

"우와, 볶음밥이다!"

점심시간에 급식 메뉴를 확인한 아이들 입에서 탄성이 흘러나왔다. 볶음밥은 아이들에게 인기 있는 메뉴 중 하나였다. 김치, 나물 등의 반찬 대신 햄과 야채를 볶은 밥에 매콤 달콤한 고추장 소스가 곁들여지기 때문이다.

그런데 그 맛있는 볶음밥을 받지 않은 아이가 있었다. 규리였다.

"규리는 볶음밥 싫어하니?"

"아뇨, 그냥 좀 입맛이 없어서요."

기운 없이 대답하는 아이를 보니 오늘은 그냥 하고 싶은 대로 둬야겠다는 생각이 들었다. 평소 편식을 하던 아이도 아니고, 늘 자기 할 일은 스스로 알아서 잘하는 아이였기 때문에 무슨 말 못할 사정이 있나 여겨졌기 때문이었다. 사춘기 여자아이들을 대할 때는 이유 없는 예민함에도 어느 정도 익숙해져야 할 필요가 있었다.

"헉! 이렇게 맛있는 볶음밥을 안 먹어? 메인 요리를 안 먹으면 뭘 먹지?"

남의 속도 모르고 눈치 없이 큰 소리로 말하는 강세에게 나는 눈짓으로 그만 하라는 사인을 보냈다. 그날 규리는 내내 기분 안 좋은 표정으로 급식을 먹는 둥 마는 둥 하다 말았다.

그날의 볶음밥 사건이 기억에서 희미해져 갈 무렵, 전혀 엉뚱한 곳에서 문제가 터져 나왔다. 민정이가 일기를 통해 제보를 한 것이다.

사실 얼마 전까지만 해도 초등학교에서 일기 검사가 관행처럼 여겨졌지만, 일방적인 일기 검사는 아동의 인권을 침해할 수도 있다는 국가 인권 위원회의 권고가 있고 난 뒤로는 일기 검사에 대한 분위기도 많이 바뀌었다. 아예 일기 검사를 하지 않는 교사도 있고, 나처럼 원하는 아이들에 한해 하는 경우도 있다.

고학년 아이들은 친구들의 눈에 민감해지는 시기이다보니 고민이 있어도 선뜻 선생님에게 찾아오기 어렵다. 이럴 때 일기장에 살짝 고민을 적어놓으면 다른 친구들 눈을 피해 상담을 받을 수 있기 때문이다. 꼭 고민상담이 아니어도 선생님과의 개인적인 소통을 원하거나 일기 쓰기가 습관이 되어 있는 아이들은 자발적으로 일기장을 제출하곤 했다. 민정이도 늘 정기적으로 일기 검사를 받는 아이 중 하나였는데, 그날은 조금 다른 내용의 고민이 담겨있었다.

요즘 우리 반에는 이상한 분위기가 있다. 아이들이 하나를 은밀하게 따돌린다. 지난번 급식 시간에 하나가 볶음밥을 배식한다는 이유 때문에 규리는 밥을 받지 않았고, 그런 규리 눈치를 보느라고 유리와 은경이도 볶음밥을 거의 먹지 않았다. 또 지난번 비 오는 날에는 아이들이 우산꽂이에 꽂힌 하나의 우산에 자기 우산이 닿지 않게 하려고 서로 신경전을 벌인 일도 있다.

아이들은 하나가 더럽기 때문이라고 하는데, 내가 보기에는 별로 그렇지도 않다.

규리를 비롯한 몇 명의 아이들이 선동을 하니까 다른 아이들도 소외되기 싫어서 분위기를 따라가는 것 같다. 하지만 특정 친구를 이런 식으로 반 전체 아이들이 왕따 시키는 것은 옳지 않은 일이라고 생각한다.

민정이의 일기에 나는 적지 않은 충격을 받았다. 우리 반에서 이루어지고 있는 왕따 사건을 정작 담임교사인 내가 전혀 눈치채지 못하고 있었다는 점 때문이다. 아이들의 마음을 잘 알고 있다고 자부하던 나에게는 큰 충격일 수밖에 없었다. 교실에서 아이들이 암묵적으로 합의하면 교사의 눈을 얼마든지 속일 수 있다는 것도 놀라웠다.

"저는 괜찮아요."

초등학교 고학년 아이들에게 담임선생님이나 부모는 더 이상 절대 권력자가 아니다. 그들이 가장 무서워하는 것은 바로 또래 친구들이다. 또래관계에서 따돌림을 당하는 것은 상상만으로도 굉장히 두려운 일이다. 적지 않은 아이들이 친구들의 눈이 무서워 같은 반 친구를 왕따 시키는 일에 동참했을 테고, 담임선생님에게 아무 내색도 하지 못했던 것이다.

나는 충격이 어느 정도 진정되자, 이제 어떻게 사건을 해결해야 할지 고민이 밀려왔다. 일단 아이들이 하나를 따돌렸다는 증거를 확보할 필요가 있었다. 하지만 민정이의 일기는 증거로 사용할 수 없었다. 민정이가 일기에 이런 내용을 적었다는 것은, 내가 친구들 사이에서 민정이의 입장이 난처하지 않게 이 일을 해결해 줄 수 있을 거라는 믿음이 담겨있기 때문이다.

왕따는 잘못이라고 말하려면 홀로 다수의 무리에서 떨어져 나와야 한다. 아이에게 이 일은 어지간한 용기 없이는 힘든 일이다. 그러니 나도 용기를 내준 민정이에게 신뢰를 지킬 의무가 있었다.

나는 하나를 따로 불렀다.
"하나야, 혹시 우리 반에서 너를 괴롭히거나 따돌리는 친구가 있으면 선생님에게 말해줄래? 물론 지금 하는 이야기는 친구들에게 모두 비밀로 할 거니까 걱정하지 말고! 선생님이 다른 친구를 통해 하나 이야기를 들어서 그래."
"…… 별로 없어요."
아이는 잠시 머뭇거리더니 고개를 저으며 말했다.
"친구들이 네가 급식 당번일 때 급식을 안 받은 경우도 있다며?"
내가 구체적인 사례를 들어 말하자, 하나는 그런 적이 있다고 고개를 끄덕였다. 그런데 그게 다였다. 다시 입을 꾹 다물었다. 표정에도 변함이 없었다. 기분 나쁜 기억을 떠올렸을 텐데도 어두워지기는커녕, 오히려 내가 자꾸만 무엇을 캐묻는 것에 대해 더 불편해하는 기색이 역력했다.
"그건 나쁜 행동이니까 선생님이 그 친구들을 야단쳐줄 수도 있어."

"저는 괜찮아요……."

보통 아이들이라면 이럴 때 친구들을 야단쳐 달라고 했을 텐데, 하나는 전혀 그런 의지를 보이지 않았다. 규리나 다른 아이들은 그런 적이 없다고 발뺌부터 할 것이 분명한데, 이래서야 사건을 해결하기 힘들 것 같았다. 나는 하나와 꽤 오랜 시간 동안 공들여 대화를 시도해봤지만 별다른 소득을 얻을 수 없었다.

나는 다시 머리를 쥐어짰다. 도대체 이 일을 어떻게 접근해야 가장 효과적으로 해결할 수 있을까?

재발 방지

아이들은 세상에서 정한 규칙을 그대로 받아들이지 않는다. 잘못된 행동이라는 것을 알고 있지만, 그렇다고 선을 넘어보고 싶은 충동까지 없어지는 건 아니다. 어른들의 눈을 피해 슬쩍 경계를 오고가면서 짜릿함과 존재감을 느끼기도 한다.

친구를 괴롭히는 아이들의 마음을 가만히 들여다보면, 악한 마음보다는 세상의 모든 규칙들에 대한 일종의 반항심 같은 걸 엿볼 수 있다. 하지 말라고 하는 행동들에 대해 '왜 하면 안 되는데?' 하는 생각들이 밑바탕에 깔려 있는 것이다. 이 아이들에게는 처음으로 선을 넘었을 때 어떤 반응을 받느냐가 정말 중요하다. 무조건 나쁜 아이로 치부해버리면 오히려 반항심의 싹에 물을 주는 꼴이 되고 만다.

나는 이 일에 대하여 '재발 방지'를 가장 중요한 목표로 두기로 했다. 목표를 정하자, 해결을 위한 실마리도 쉽게 떠올랐다.

나는 학급의 전체 아이들을 대상으로 이야기를 시작했다.
"선생님이 며칠 전에 조금 충격적인 이야기를 들었어요. 우리 반 친구들이 어떤 친구 한 명을 따돌리고 있다는 이야기였어요."
갑작스런 내 말에 아이들은 조금씩 술렁이기 시작했다.
"선생님은 우리 반의 다른 친구들을 위해서 이번 일을 확실하게 짚고 넘어갈 필요가 있다는 생각이 들었어요. 우리는 이런 행동이 학교 폭력에 해당한다고 이미 배웠습니다. 그렇죠?"
아이들은 고개를 끄덕였다. 나는 아이들에게 종이를 한 장씩 나눠 주었다.
"선생님은 지금까지의 일로 여러분을 혼낼 생각은 없습니다. 하지만 이 순간 이후로 또다시 이 일이 반복된다면 그때는 아주 크게 야단을 칠 생각이에요. 그래서 일단 지금까지의 일들을 여러분에게 직접 들었으면 합니다. 지금 나눠준 종이에 이제까지 내가 한 행동, 또는 친구들이 했다고 들은 행동, 그리고 앞으로 나의 계획까지 솔직하게 적어주세요. 물론 종이에 적은 내용에 대해서도 모두 비밀을 보장해줄 거예요."
야단치지 않겠다는 면죄부와 비밀보장이 약속되자, 아이들은 그간의 일들을 모두 솔직하게 적기 시작했다. 그렇게 받은 아이들의 이야기를 통해 나는 이 일의 주도자가 규리, 유리 그리고 은경이라는 것을 확인할 수 있었다.

규리와 유리는 쌍둥이 자매였다. 그러다 보니 항상 둘이 붙어 다녔다. 다른 아이들은 친한 친구를 만들기 위해 노력해야 했지만, 이들은 처음부터 아주 확실한 내 편이 있는 셈이었다. 쌍둥이 중에서도 더 주도적인 아이는 규리였다. 유리는 규리의 말에 맞장구를 치고 하자는 대로 대부분 따르는 쪽에 속했다. 그리고 언제부턴가 은경이가 이들 자매와 함께 다니기 시작했다.

여자아이들은 주로 마음에 맞는 친구들끼리만 단짝을 이루어 노는 것을 좋아한다. 한번 단짝이 형성되면 거의 대부분의 시간을 함께 지낸다. 등하교 시간은 물론이고, 쉬는 시간마다 쪼르르 달려와 수다를 떨고, 심지어 화장실도 항상 함께 간다. 아마 하나를 따돌리기 시작한 것도 셋이서 모여 다니기 시작한 시점이 아닌가 싶었다.

왜 도움을 청하지 않았을까?

점심시간에 나는 다른 아이들이 눈치 채지 못하도록 세 아이들을 따로 불렀다. 아이들은 무슨 일인지 모르겠다는 표정으로 어깨를 으쓱거리며 내 앞에 섰다.

"선생님이 너희들을 따로 부른 이유는 하나에 대한 일 때문이야. 혹시 그 일에 대해 먼저 선생님에게 할 말은 없니?"

"네? 하나요?"

"무슨 일이신데요?"

"……."

세 아이가 약속이나 한 듯이 모르쇠로 일관했다.

"선생님도 처음에는 좀 놀라고 당황스러웠어. 아이들이 적은 종이에 너희 셋의 이야기가 가장 많이 있었거든."

"무슨 이야기가 있었는데요?"

규리가 가장 먼저 발끈하며 말했다.

"사람은 누구나 실수할 수 있어. 내가 가장 중요하게 여기는 것은 이 순간 이후 너희들의 행동이야. 분명히 말해두는데, 이 순간 이후로는 하나를 따돌리는 어떤 행동도 일어나지 않기를 바란다. 만약 그런 일이 다시 한 번 일어난다면 그때는 선생님도 어쩔 수가 없이 학교폭력자치위원회를 열고, 아이들이 쓴 내용도 모두 증거로 제출해서 직접 시시비비를 가려볼 수밖에 없어."

나는 세 명의 아이들을 바라보며, 다시는 나쁜 행동을 하지 않도록 바라는 마음에서 의도적으로 목소리에 힘을 주어 말했다. 아이들에게 강력한 나의 의지를 전달하고자 노력한 것이다.

고학년 아이들을 대하면서 내가 터득한 것 중의 하나가 바로 아이들의 잘못을 직접 비난하지 않는 것이다. 감수성이 예민하고 자의식이 강해지는 시기의 아이들은 자신이 잘못한 일임에도 비난이나 질타를 들으면 반항심을 먼저 내비친다. 그 반항심을 걷어내려 서로 에너지를 쏟다보면 정작 중요한 그 이후의 행동교정을 할 수가 없는 경우가 많았다.

그리고 아이들의 행동을 바꾸는 것은 누군가의 가르침에 의해서가 아니라는 것도 알게 되었다. 스스로 깨닫고 결심을 해야 가능했다. 물론 지금 세 아이들의 결심은 완벽하게 자의에 의한 것은 아니다. 나의 반 강제적인 의도가 담겨있기는 했지만, 적어도 이 아이들은 스스로에게 선택권이 주워졌다고 여길 것이다.

다행히 세 아이 모두 나의 말을 충분히 알아들었다. 그 이후 다시는 하나를 따돌리는 일이 발생하지 않았다.

나에게는 또 하나의 과제가 남아 있었다. 바로 하나에 대한 생각이었다. 하나는 도대체 왜 아무에게도 도움을 청하지 않았을까? 심지어 내가 먼저 다가갔을 때조차 아이는 나를 외면했다. 지금이야 아이들이 내 눈이 무서워 하나를 괴롭히지 않을지도 모르지만, 앞으로 또 다시 이런 일이 반복될지도 모를 일이다.

그 일 이후 나는 하나에게 평소보다 많은 관심을 갖게 되었다. 하나는 어릴 때부터 바쁘신 부모님 때문에 대부분의 일을 혼자 알아서 했다고 한다. 어린 나이였으니 분명 누군가 도움의 손길이 필요한 상황이 있었을 텐데 그때마다 아이의 주변엔 아무도 없었다. 그러니 왕따 사건이 벌어졌을 때, 누군가에게 도움을 청할 생각도, 도움을 받을 생각도 하지 못했던 것이다. 심지어 내가 먼저 손을 내밀었지만,

그 손을 잡는 법도 몰랐던 게 아닌가 싶었다.

　따돌림을 당하는 아이나 따돌림을 시키는 아이나 모두 그 깊은 이면을 들여다보면 인간에 대한 신뢰와 존중의 마음에 문제가 있는 경우가 많다. 하나가 세상에 자신을 진심으로 도와줄 사람이 없다고 여겨서 사람에 대한 신뢰와 존중을 배우지 못한 것처럼 가해한 아이들도 사람에 대한 신뢰와 존중을 배우지 못한 것은 마찬가지이다.
　이 아이들의 마음의 문제가 하나로 닿아있다 보니, 학교폭력 문제에서도 종종 피해자였던 아이가 시간이 지나면서 가해자로 바뀌곤 하는 것이다.

감정형 아이

사람 사이에는 상대방과의 친밀한 정도에 따라 심리적으로 안정을 느끼는 거리가 다르다. 나라마다 또 문화에 따라서도 이 거리는 달라진다. 그리고 아이들 사이에도 이런 거리에 차이가 존재한다.

가족 간에 신체적으로 친밀한 유대가 많은 가정에서 자란 아이들일수록 학교에서 친구나 선생님의 손을 스스럼없이 잡거나 팔짱을 끼는 등 신체적 접촉을 자연스럽게 하는 경우가 많다. 그런가하면 머리가 아프다고 해서 열이 나는지 알아보려고 이마에 손을 짚으려고 하면 흠칫 놀라며 몸을 뒤로 빼는 아이들도 있다. 이것은 가족문화뿐 아니라, 아이들 개인별 기질에 따라서도 차이가 있다.

그런데 학교에는 이렇게 서로 다른 아이들이 한데 모여 있다. 그래서 교실에서는 아이들마다 다른 거리의 차이로 인한 사소한 마찰들이 꽤 많이 발생하곤 한다.

너무 가까이 다가서는 아이

체육시간, 운동장에 나온 아이들은 신나서 이리저리 돌아다니며 좀처럼 줄을 설 생각들이 없어 보였다.

"자, 다들 모이세요. 키 번호 순서대로 줄 섭니다."

내 말에 아이들이 한두 명씩 모이기 시작했다. 그런데 맨 앞 혜빈이가 너무 내 앞으로 바짝 다가와 섰다. 나는 혜빈이의 어깨를 잡고 조금 뒤로 물러설 수 있도록 기준을 잡아줬다.

"혜빈아, 여기서 네가 기준을 잘 잡아줘야 해."

뒤쪽에서 우왕좌왕하고 있는 아이들을 정리하고 준비체조를 시작하려는데 혜빈이가 또다시 내 앞으로 다가섰다. 이대로 체조를 시작했다가는 아이가 팔만 들어 올려도 내 얼굴을 칠 수 있는 거리였다.

"혜빈아, 조금만 뒤로 가서 시작하자."

"네."

혜빈이는 밝은 얼굴로 얼른 뒤로 물러섰다. 그렇게 준비체조가 끝나고 나는 오늘 할 체육활동을 설명하기 위해 아이들에게 앞으로 간격을 좁히라고 말했다. 그런데 이때 기준으로 서 있어야 할 혜빈이가 또다시 내 앞으로 바짝 다가왔다. 이제는 내가 고개만 숙여도 혜빈이 얼굴과 거의 맞닿을 지경이었다.

"혜빈아, 기준은 움직이면 안 돼! 그리고 이렇게 선생님 앞으로 가깝게 서면 안 되지. 조금만 뒤로 가자."

"네."

이번에도 혜빈이는 종종 걸음으로 뒤로 물러났다. 하지만 얼마 지나지 않아 녀석은 또다시 내 코앞으로 바싹 다가왔다.

나는 혜빈이를 따로 불러 이 상황에 대해 차근차근 설명해주었다. 혜빈이는 해맑게 '알겠습니다.'라고 대답했다. 그런데 그게 다였다. 그렇게 가깝게 얼굴을 들이대는 습관은 도대체 고쳐지지 않았다.

혜빈이는 친구들에게도 이런 식으로 행동했다.

"이게 뭐야? 나도 한번 보여줘."

쉬는 시간, 한 무리의 친구들 사이에 혜빈이가 불쑥 끼어들며 말했다. 혜빈이가 너무 가까이 다가가자 상대방 아이는 슬쩍 뒤로 한 발짝 물러났다. 그러자 혜빈이가 더 바싹 다가갔다. 상대방 아이는 손에 들고 있던 물건을 얼른 혜빈이에게 주고는 다시 뒤로 빠지는 것이 보였다.

늘 이렇다 보니 아이들도 딱히 혜빈이를 반기지 않는 눈치였다. 이상하게 혜빈이는 항상 밝고 해맑았지만, 함께 있는 아이들 표정은 그렇지 않아 보였다. 그리고 이런 시간들이 반복될수록 혜빈이 주변에는 점점 친구들의 수가 줄어들었다.

"알아요. 하지만 속상해요."

혜빈이를 위한 대책이 필요했다. 혼자 지내는 것을 괜찮게 여기는 아이들도 있지만, 혜빈이에게는 항상 친구가 필요했다. 그것도 혜빈이가 주도적으로 감정을 이끌어갈 수 있는 상대가!

혜빈이는 감정형 기질을 가진 아이다. 이 기질의 아이들은 기본적으로 인간관계에 강한 욕구를 보인다. 이들은 잠시도 혼자 노는 법이 없다. 항상 주변에 누군가가 있어야 하고, 그들과 끊임없이 상호작용을 하며 노는 것을 즐긴다. 그래서 잠깐만 친구가 주변에 없어도 외롭다고 생각하고 쉽게 의기소침해지기도 한다. 그러다 보니 감정형 아이들은 친구관계에서 주도적인 성향을 보인다. 이 성향을 가진 두 아이가 만나면 서로 갈등을 빚는 경우도 빈번하게 발생한다.

반면, 사고형 기질이 강한 아이들은 인간관계를 추구하기보다는 자신이 관심 있는 분야에 혼자 몰입하며 노는 것을 더 좋아한다. 부모들은 그런 아이가 걱정이 되어 친구와 함께 놀기를 권유하고 기회를 만들어주려 노력하지만, 잠깐 같이 노는가 싶다가도 어느 순간 혼자만의 세계에 빠져버리는 경우가 많다. 이들은 주변에 친구가 없어도 외롭다고 느끼지 않으며, 강한 감정형 기질의 친구는 다소 귀찮게 생각하는 경향을 보이기도 한다.

나는 혜빈이와 친구관계에 대한 이야기를 많이 나누었다.

"혜빈아, 네가 친구들과 놀고 싶은 마음은 잘 알겠는데, 친구들도 자신이 더 친하게 지내고 싶은 친구가 있기 마련이야. 예를 들어 너는 연주와 놀고 싶어서 다가갔는데, 연주는 이미 설아와 친하게 지내고 있으니까 연주 입장에서는 싫다고 말할 때도 생기는 거지."

"알아요. 하지만 속상해요."

"그래, 혜빈이 입장에서는 속상하고 억울한 마음도 들 거야. 하지만 지혜로운 사람은 상대방의 마음도 수용할 줄 아는 법이란다. 물론 그건 굉장히 어려운 일이라 어른들도 하기 쉬운 일은 아니야. 선생님이 도와줄 테니까 혜빈이가 이번 기회에 현명한 사람이 되기 위한 연습을 해보면 어떨까? 당분간은 좀 힘들겠지만, 분명 먼저 손을 내미는 친구가 있을 거야. 선생님이 옆에서 응원해줄게."

혜빈이는 내가 응원해준다는 말에 용기를 내어 그러겠다고 했다. 나는 혜빈이가 힘들지 않도록 하루에 두 번 정도는 관심을 가져주고 이것저것 말을 걸어주기도 했다. 혜빈이에게는 늘 그 정도의 관심과 애정이 필요했다.

새로운 관계를 찾다

그러던 어느 날 혜빈이가 스스로 적성에 맞는 일을 발견했다. 바로 하나의 친구가 되어 주는 일이었다. 하나는 은근하게 왕따를 당하던 아이였다. 그 일로 내가 하나에게 신경을 쓰고 있을 때, 혜빈이가 그걸 알아보고 자진해서 하나 옆자리에 앉았다. 그리고 하나를 위해 이것저것 챙겨주는 일을 도맡아 하기 시작했다. 물론 때로는 혜빈이의 행동들이 하나에게는 잔소리처럼 들리기도 했지만, 두 아이는 적당히 양보하고 타협하는 선에서 관계를 잘 이끌어갔다.

혜빈이 입장에서는 하나를 잘 챙겨주는 일에 대해 내가 고마워했기 때문에 기분도 좋았을 테고, 무엇보다 하나와 함께 있으면 항상 혜빈이가 주도권을 잡을 수 있었기 때문에 만족스러운 관계가 유지될 수 있었다. 하나 입장에서도 항상 혼자만 다니다가 옆에서 함께하는 친구가 생긴 셈이니, 다른 아이들이 더 이상 쉽게 괴롭히지 못하게 하는 데도 도움이 되었다.

물론 그 과정에서 하나를 괴롭혔던 아이들과의 관계가 원만했던 것만은 아니었다. 어찌 되었건 나는 이 아이들을 1년 내내 조심스러운 마음으로 지켜봐야 했다.

많은 부모들은 아이가 학교에서 친구와 사이좋게 잘 지내기를 바란다. 하지만 실제 학교에서 아이들을 오랜 시간 지켜보면서 나는 아이들이 아무 갈등 없이 지내는 게 결코 건강한 모습만은 아니라는 걸 알게 되었다.

아이들에게 학교에서 친구와 관계를 맺는 일은 생애 첫 사회관계이기도 하다. 무조건 나를 믿고 지지해주는 집과는 달리 학교는 서로 다른 성격과 욕구를 지닌 아이들의 감정이 교차하는 공간이다. 그 속에는 속상한 일을 겪는 아이도 당연히 생기기 마련이다. 하지만 아직 아이들이기 때문에 금방 자신에게 맞는 친구와의 상호작용을 개척해 나가기도 한다.

　오늘 당장 학교에서 돌아온 아이가 "친구들이 나랑 놀려고 하지 않아."라고 말한다고 해서 아이에게 앞으로도 계속해서 친구가 없을까 봐 너무 많은 걱정을 하지 않아도 된다는 뜻이다. 왜냐하면 우리 아이들에게 친구관계란 이렇게 시행착오를 거치면서 알아가는 사회생활의 시작이기 때문이다.

경쟁관계

　남자아이들의 친구관계는 여자아이들과는 사뭇 다른 양상을 보인다. 여자아이들은 서로 마음이 맞는 친구와 적게는 단둘이, 많게는 대여섯 명이 단짝을 이루어 노는 모습을 주로 보인다. 그리고 이렇게 정해진 단짝들은 이변이 없는 한 거의 변화가 없다.

　반면 남자아이들은 단짝의 개념이나 무리의 개념이 강하지 않다. 오늘은 이 친구와 단짝처럼 지내다가도 내일이 되면 금세 다른 친구와 장난을 치며 놀기도 한다. 여자아이들이 친구관계에서 중요하게 여기는 게 소속감을 동반한 끈끈한 정이라면, 남자아이들은 친구관계에서 재미와 놀이를 중요하게 여긴다. 그리고 놀이에서 반드시 이기려고 하는 성향이 강하다.

　바로 이런 성향 때문에 남자아이들 사이에서는 가끔 눈에 보이지 않는 힘과 서열이 만들어지기도 한다.

만나면 으르렁 대는 사이

"하지 말라고!"

수학시간, 열심히 문제를 푸는 아이들 사이로 짜증이 가득 담긴 목소리가 들려왔다.

"무슨 일이에요?"

나는 소리가 나는 쪽을 돌아봤다.

준태가 얼굴이 시뻘개져서 씩씩거리고 있고, 옆에는 그 모습이 재미있다는 표정으로 빙글빙글 웃고 있는 남두의 모습이 보였다. 남두는 심상찮은 내 얼굴과 마주치더니 금세 태도를 바꿨다.

"네가 먼저 시작했잖아. 선생님, 준태가 먼저 나를 때렸어요."

"뭐? 네가 발로 자꾸 내 책상을 차니까 그렇지."

"발로 찬 게 아니라고 했잖아! 그냥 나도 모르게 발을 뻗다가 부딪친 거라고!"

"이 자식이 진짜!"

그대로 두면 서로 멱살이라도 잡을 기세였다.

"그만!"

나는 목소리에 힘을 가득 싣고 최대한 낮은 톤으로 말하며, 두 아이를 제지시켰다. 그리고 최대한 평정심을 잃지 않으려고 단호한 목소리로 말했다.

"준태와 남두, 둘 다 앞으로 나오세요!"

고학년이 되면 아이들은 신체적으로 나와 대등해지곤 한다. 어떤 아이는 나보다 키도 크고 힘도 더 세다. 그런 남자아이들을 힘으로 제지시키는 것은 불가능하다. 그러다 보니 눈에 보이지 않는 기 싸움에서 밀리지 않는 것이 고학년을 가르치는 교사가 갖추어야 할 중요한 능력이 되었다.

두 아이는 툴툴대며 자리에서 일어섰다. 물론 고분고분한 태도는 아니었다. 괜히 애꿎은 의자를 치면서 우당탕 일어서는데 다소 분주한 소란이 있었다. 혈기왕성한 남자아이들의 주체 못할 힘을 그래도 친구나 선생님이 아닌 의자에게 푸는 것이니, 그 정도는 눈 감아주어야 했다.

나는 잠시 아이들의 감정이 가라앉기를 기다린 후에 차분한 목소리로 자초지종을 물었다.

"남두가 먼저 내 의자를 발로 차잖아요!"

"발로 찬 게 아니라니까요. 실수로 의자가 발에 맞은 거예요."

엇갈린 주장이 나왔다. 진위파악이 필요했다.

"좋아. 남두가 실수로 준태 의자를 찬 게 몇 번이야?"

나는 일부러 두 녀석의 진술인 '실수'와 '의자를 찼다.'는 표현을 모두 넣어 다시 물었다. 이럴 때 내가 한 아이의 진술만 받아들이는 듯한 모습을 보이면 반드시 다른 한 아이가 반기를 들고 나오기 때문이다.

"다섯 번이요."

준태가 대답했다.

"아니거든!"

곧바로 남두가 반박했다.

"좋아, 그럼 남두 생각에는 몇 번이야?"

"세 번이요."

"뭐? 거짓말 하지 말라고!"

준태가 다시 으르렁댔다. 나는 다시 아이들을 진정시켰다.

"선생님 생각에는 남두가 좀 부주의했어. 세 번은 실수라고 하기에는 좀 과한 횟수야. 그러니까 앞으로 남두가 좀 더 조심해."

간신히 갈등상황을 마무리 짓고 아이들을 자리로 돌려보냈다. 하지만 내 고민은 그때부터 더 깊어졌다. 이 두 녀석의 싸움이 한두 번이 아니었기 때문이다. 만나기만 하면 으르렁대는데, 물어보면 정말 별일 아닌 것으로 싸우기 일쑤였다.

지금의 상황만 봐도 그랬다. 사실 남두는 그렇게 부주의하게 실수를 반복하는 아이가 아니었다. 다른 친구의 의자를 발로 찼다면 그 자리에서 바로 미안하다고 사과할 줄도 아는 아이였다. 그런데 유독 준태와 붙으면 상황이 달라졌다. 준태도 마찬가지였다. 평소 마음이 여리고 착한 성격이라 웬만한 친구들의 짓궂은 장난에는 웃으며 넘어가곤 하는 아이였다. 그런데 유독 남두와 붙으면 사나운 사자로 변하는 느낌이었다.

눈에 보이지 않는 힘과 서열

체육시간, 축구시합이 한창이었다. 남자아이들이 가장 활발하게 움직이며 마음껏 땀과 에너지를 발산하는 시간이었다. 아이들은 모두 이리저리 움직이는 공 하나에 집중하고 달렸다. 공을 잡은 아이에게는 서로 자신에게 패스해 달라고 난리였다.

어느 순간, 준태에게 공이 흘러들어갔다. 공격하기 가장 좋은 위치에 남두가 서 있었다. 남두는 강하게 손짓을 하며 공을 넘기라고 말했다. 잠시 망설이던 준태는 갑자기 엉뚱한 방향으로 공을 찼다. 골을 넣을 수 있는 좋은 기회였는데, 공격권은 어이없게 상대편으로 넘어가고 말았다. 아이들은 모두 준태의 행동에 기막혀했다. 그리고 남두는 시뻘게진 얼굴로 준태를 노려봤다.

그날 점심시간에 결국 일이 터지고 말았다. 남두가 지나가던 준태의 발을 걸어 넘어트렸다. 축구경기에서의 앙갚음을 한 것이다. 두 녀석은 또다시 치고받으며 몸싸움을 벌였다. 이번에는 내 제지로도 소용없었다. 다른 아이들까지 같이 말리고 나서며 두 아이를 억지로 떼어놓을 수 있었다.

그렇게 잠시 떼어놓자, 두 아이의 감정이 금세 가라앉았다. 이렇게 금방 순해지는 것을 보면, 남두와 준태가 성격이 거칠어서 잘 싸우는 아이들도 아니고, 감정에 욱하는 아이들도 아니라는 것을 알 수 있었다.

그렇다면 도대체 이 둘이 만나기만 하면 싸우는 이유가 뭘까? 나는 남자아이들의 특성을 다시 한 번 생각해보았다. 눈에 보이지 않는 힘과 서열, 혹시 그 문제가 이 둘 사이에 개입하고 있는 것은 아닐까?

나는 우리 반 남자아이들 사이에서 눈에 보이지 않는 서열이 존재하는지 알아보기 위해서 여론조사를 실시해봤다.
"우리 반에서 힘이 제일 센 친구가 누구야?"
"글쎄요."
다시 질문을 바꿔보았다.
"그럼, 우리 반에서 축구를 누가 제일 잘하지?"
"재우요!"
망설임 없이 바로 대답이 나왔다.
"그럼 두 번째로 잘하는 아이는?"
"기준이요!"
"세 번째는?"
"한결이요!"
여론조사 결과는 놀라웠다. 축구를 잘하는 순서로 서열을 묻자, 아이들 사이에서 모두 동일한 결과가 나왔다. 아무래도 우리 반 남자아이들 사이에서는 축구실력으로 만들어진 서열이 존재하는 듯했다.
그리고 여론조사를 통해 나는 한 가지 사실을 더 확인할 수 있었다. 축구 잘하는 순서로 여섯 번째까지 나가자 갑자기 결과에 혼동이 생겼다.

"여섯 번째는 음……, 준태인가?"

"아냐, 남두가 더 잘할 걸?"

"준태 맞아, 골도 준태가 더 잘 넣잖아."

"그렇긴 한데, 남두는 수비를 더 잘하잖아."

준태와 남두는 축구실력에 있어서 서로 경쟁관계였던 것이다! 어쩌면 둘이 만나기만 하면 으르렁대는 진짜 이유가 이것이 아닐까 하는 생각이 들었다.

다양하고 폭넓은 세계로

'아이들의 세계에 힘과 서열이 존재한다.'라고 말하는 것에 대해 나로서도 망설여지는 부분이 있다. 아무래도 어른들의 세계에서 보이는 옳지 못한 행동들이 먼저 떠오르기 때문이다. 하지만 아이들의 세상도 사람 사는 관계로 맺어진다.

어른들 세계에서 힘과 서열이 돈과 권력을 목적으로 움직인다면, 남자아이들 세계에서 힘과 서열은 축구를 이기기 위한 목적으로 움직인다. 이것 자체만으로도 충분히 아이들답다. 경기에서 이기고 싶은 남자아이들 특유의 강한 열망이 가져온 현상으로 이해하자, 나는 아이들의 보이지 않는 역동을 수용하고 이해할 수 있었다.

이번 일로 내가 깨달은 건 남자아이들 세계에서는 서로의 관계와 서열이 엎치락뒤치락 할 수 있는 장치들을 가능한 많이 넣어주는 게 필요하다는 점이다. 그래야 아이가 보는 세상의 관계와 서열의 장치들을 다양하게 넓혀주는 데 도움을 줄 수 있기 때문이다.

축구에서 잘하는 아이와 못하는 아이의 순위가 다트 던지기에서는 전혀 달라진다. 다트 던지기는 체력보다는 집중력과 섬세함이 더 필요한 활동이기 때문이다. 또 여기에 빠른 두뇌회전을 요구하는 오목 두기와 공간감각을 우선으로 하는 블록 쌓기 등을 추가하면 더욱 양상이 복잡해진다.

물론 남자아이들은 다트 던지기, 오목 두기, 블록 쌓기보다 축구를 훨씬 더 좋아하고, 축구를 할 때의 활동들이 관계에 더 강력하게 작용하는 것도 사실이다. 하지만 적어도 축구를 못해서 속상해하는 아이에게는 "괜찮아. 너는 다트 던지기를 잘하니까, 집중력과 섬세한 근육조절 능력이 우수하잖아!"라며 격려해줄 수 있을 테니까.

오늘부터 1일!

요즘은 초등학생 사이에서도 이성 친구를 사귀는 일이 부쩍 늘어나는 추세이다. 그러다 보니 '아직 어린아이들이 벌써…….' 하는 마음에 걱정이 앞서는 부모들도 많다.

하지만 현장에서 아이들을 매일 접하는 내가 느낄 때는 예전보다 아이들이 더 이성에 빨리 눈을 뜨는 게 아니라, 아이들이 접하는 대중매체와 문화가 부모세대와 많이 달라졌다는 생각이 든다. 이성 친구 문제도 마찬가지이다.

선망과 관심의 대상인 커플 탄생

"진짜? 어머, 어떻게 해."

쉬는 시간에 교실 한쪽에서 갑자기 괴성과 감탄이 울려 퍼졌다. 무슨 일인가 싶어 내가 다가가자 갑자기 아이들의 움직임이 부자연스러워졌다. 뭔가 숨기는 표정으로 나를 애써 외면하려는 모습이 역력했다.

"무슨 일인데? 선생님이 알면 안 되는 거야?"

"안 되는 건 아닌데……, 좀 그런 일이라서……."

말은 하지 않았지만 어째 표정들은 하나같이 말하고 싶어 하는 얼굴들이었다. 누구하나 푹 하고 찌르면 금방 바람이 터져 새어나올 것 같은 이야기, 모두들 자기 일인 양 들떠서 신나고 상기된 분위기, 아이들에게 듣지 않아도 대충 짐작 가는 부분이 있었다.

"또 새로운 커플이 탄생한 모양이구만."

"우와! 선생님, 어떻게 아셨어요? 맞아요."

내 직감에 아이들은 참았던 감정들을 일순간에 폭발시켰다.

"민혁이가 여자 친구 생겼대요."

"야아, 하지 마!"

커플 이야기의 주인공을 언급하자 다른 친구가 황급히 아이의 입을 막는다. 이성 친구에 대한 이야기는 당사자가 아닌 이상 아이들도 선을 넘으면 안 된다고 생각하는 부분이 있는 듯했다.

"상대는 누군지 말할 수 없어요. 그건 비밀이에요."

"힌트, 우리 반은 아니에요."

나도 그쯤에서 아이들의 사생활을 존중해주기로 했다. 어차피 주인공이 누구인지는 금방 알게 될 것이다. 초등학교 아이들의 이성 교제가 갖는 특징이기 때문이다.

커플을 확인할 수 있는 가장 좋은 방법은 바로 SNS를 통하는 것이다. 누군가를 사귄다면 그들은 반드시 자신의 SNS를 통해 그 사실을 밝히고, 며칠 째가 되었는지 매일 매일 써 놓는다. 어디 그뿐인가 매일 상대에 대한 마음을 상태 글에 표시하는 것 또한 관례이다.

그렇기에 고학년 담임교사를 하면 아이들의 SNS에 들어가는 방법은 알고 있어야 한다. 그렇다고 그들과 활발하게 소통을 하는 것은 금물이다. 사이버 상에서 선생님의 존재를 인지한 순간 아이들이 비공개로 바꿔놓기 일쑤이기 때문이다. 그냥 비상시에 확인할 수 있는 정도로 소통의 창구만 열어두었다가 문제상황이 발생하거나 생활지도를 위해 확인해야 할 일이 있을 때만 불시에 들어가서 보는 것이 훨씬 더 효과적이다.

새로 탄생한 커플이 궁금하기는 했지만, 이런 일로 SNS까지 활용할 필요는 없어 보였다.

은근히 즐기는 아이들

쉬는 시간이 되자마자, 아이들이 우르르 몰려 복도로 나갔다. 물론 선두에는 민혁이가 있었다. 아이들이 향한 곳은 옆 반 교실이었다. 이 움직임을 보고 옆 반 교실에서도 술렁이기 시작했다. 아이들이 은밀하게 누군가를 불렀다. 그리고 드디어 당사자들이 만나는 모습이 포착되었다. 그 주위를 아이들이 구름떼처럼 둘러쌌다.

"지혜야, 민혁이가 너한테 줄 게 있대."

"야, 뭐해? 빨리 줘."

"민혁이가 10일 기념으로 쓴 편지래."

당사자들보다 옆에 있는 아이들이 북 치고 장구 치고 난리가 아니었다. 민혁이와 지혜도 싫지 않은 눈치였다. 그 아이들도 지금의 이 소란스러움 속에서 자연스럽게 자신들을 향해 쏟아지는 관심을 은근히 즐기는 기색이었다.

다시 교실로 돌아온 민혁이에게 나는 무심한 듯 한마디 건넸다.

"민혁아, 여자 친구에게 편지 잘 전달해줬어?"

"와, 선생님이 어떻게 아셨어요?"

다른 아이들이 더 야단법석인데, 내가 어떻게 모를 수 있겠는가.

두 아이가 사귀는 이야기는 내가 가만히 있어도 정보들이 쏟아져 들어왔다. 우리 반 전체의 가장 큰 이슈로 떠올랐기 때문이다.

"민혁이는 지혜가 착해서 좋대요. 이전에 여친은 좀 이기적인 면이 있었거든요."

"하지만 처음 사귀자고 말한 사람은 지혜예요. 민혁이는 속으로 관심만 있었는데 서로 마음이 통했던 거죠."

"꺅~, 좋겠다!"

지혜는 옆 반의 회장이고, 공부도 잘하는 모범생이었다. 학교에서도 예의바른 친구였고, 또래보다 생각도 깊은 아이였다. 반면 민혁이는 장난기 넘치고 에너지가 많아 활발한 편이었다. 나는 두 아이가 서로 다른 점에 끌렸나보다 생각했다.

그리고 찬바람이 불어올 때 쯤 이 커플의 마지막 소식이 들려왔다.

"선생님, 민혁이가 여자 친구와 헤어졌대요."

이번에도 발 빠른 소식통이 당사자보다 먼저 소식을 전했다.

"왜?"

내 물음에 정작 민혁이는 별 말이 없었다. 잠시 기다리던 아이들이 답답해하며 먼저 입을 열었다.

"50일이나 됐으니 오래 사귄 거죠."

남자아이들의 말에 여자아이들이 반박했다.

"아니에요. 민혁이가 너무 무심했어요. 50일 기념일도 그냥 넘어가고! 그래서 지혜가 먼저 찬 거예요."

민혁이는 그저 고개만 끄덕였다. 여자 친구와 헤어졌는데도 아이의 얼굴에는 슬픔이나 속상함 같은 감정은 찾아볼 수가 없었다. 이번에도 아이들의 입에 자신의 이야기가 오르내리는 것이 그저 싫지 않은 내색이었다.

조금 특별해 보이고 싶어서

고학년 아이들의 이성 교제는 어른들의 세상과 다른 특징이 있다. 가장 눈에 띄는 점은 이성 친구를 사귀면서 상대에게 해야 할 말들을

SNS를 통해 세상 모든 사람들에게 말하고 있다는 점이다.

아이들이 이성을 사귀는 이유는 다른 친구들에게 보여주기 위한 마음이 가장 우선인 경우가 많다. 어른들의 세계가 궁금한 그들에게 이성 친구가 있다는 사실만으로 모든 아이들의 선망과 관심의 대상이 되기 때문이다. 또래들 사이에서는 조금 조숙한 이미지로 통할 수도 있고, 관련 이야기만으로도 친구들과 즐겁게 이야기꽃을 피울 수 있다. 그리고 모두들 자기 일인 양 설레며 동화된다.

또 다른 특징은 아이들의 이성 교제를 바라보는 주변 시선이 달라져 이성 친구가 있으면 남들에게 조금 특별해 보일 수 있다는 생각을 한다는 점이다.

요즘은 드라마나 예능, 영화를 통해서도 연애하는 이야기들이 넘쳐난다. 그리고 어른들도 아이들에게 자연스럽게 '너는 여자(혹은 남자) 친구 있니?' 하고 물어보곤 한다. 물어보는 어른들이야 절반은 재미삼아 하는 말이지만, 이런 질문을 자주 듣는 아이들 입장에서는 다르게 생각하는 것이다. 여자 친구나 남자 친구가 있으면 자신이 조금은 특별한 존재라는 생각, 실제 내가 학교에서 만나서 듣게 되는 아이들의 생각에서도 그런 마음이 많이 느껴졌다.

게다가 요즘은 부모가 아이들의 이성 교제를 지지하는 경우도 많다. 실제 민혁이의 부모님은 아들의 이성 교제를 알았고, 심지어 적극적으로 도와주었다. 아이들의 이성 교제를 지지하는 부모는 아이에게 허용적인 부모의 모습을 보이면서 자녀와 긍정적인 관계를 맺을 수 있다는 장점이 있다. 실제 민혁이 어머니도 그런 입장이었다.

"저는 굳이 반대할 필요가 없다고 생각해요. 여자 친구도 많이 사귀어 보는 것이 오히려 좋은 경험이 될 수 있잖아요."

하지만 지혜 부모님은 지혜에게 남자 친구가 있다는 사실조차 몰랐다. 지혜 어머니는 두 아이가 헤어지고 난 다음에 그 사실을 알았다고 했다.

"지혜랑 친한 민주에게 물어봤을 때도 남자 친구가 없다고 그랬거든요. 그런데 나중에 엄마들 모임에서 들었어요. 다행히 헤어졌다고 하니 안심이긴 한데, 요즘 아이들은 정말 너무 앞서가는 것 같아서 걱정이네요."

부모가 평소에 보수적인 성향을 지니고 있다 보니, 남자 친구가 있다는 사실을 지혜가 숨겼던 것이 아닌가 싶었다.

그렇다면 고학년 아이들의 이성 교제에 대해 어른들은 과연 어떤 입장을 취해야 할까? 교사로서 나는 아이들이 단순히 흥미와 호기심에 이끌려, 혹은 친구들의 시선을 의식한 행동이라고 가벼이 치부할 게 아니라 '이성 친구와의 우정'에 초점을 맞추어 적절한 지도가 필요한 때라고 본다.

만나는 횟수와 시간, 장소 등 다양한 것들을 함께 체크해보아야 한다. 또 이성 친구 때문에 성적이 떨어지거나 옷차림 등의 다른 행동에 문제가 생기는 것에 대해서도 미리 이야기를 나눠서 적정 기준을 마련해두는 것이 좋다. 무조건 아이를 믿고 수용해주기만 하기에는 매체나 인터넷의 발달로 지나치게 자극적인 정보들이 많은 세상이다. 적절한 판단 기준의 제시는 무엇보다 중요하다.

더불어 동급생끼리가 아닌 중학생 또는 고등학생 형, 누나와의 이성 교제는 좀 더 신중하게 살펴볼 필요가 있다. 초등 아이들끼리는 아직 어리고 순수한 부분이 있지만, 상급생과 이성 교제를 하는 경우에는 상황이 많이 달라지기 때문이다.

세상이 달라지는 만큼 아이들의 교육과 생활 지도의 가치관도 많이 변화되었다. 이성 교제에 대한 부분도 그런 주제 중 하나임에 분명하다.

4장

사춘기
감정이 소용돌이치는 아이들

사춘기 아이들은 많은 부분 부모의 손을 벗어나 있다. 부모나 선생님의 말보다 또래가 더 중요하기 때문이다. 더불어 아이들도 이제는 어른 못지않게 생각하고 논리적으로 반박할 수 있는 힘이 있다. 그런 아이들에게 지금까지의 방식대로 엄하게 억누르거나 어렸을 때의 잣대를 그대로 들이댄다면 자칫 아이와의 관계를 상하게 하는 일이 될 수 있다.

지금까지 내 경험으로 얻은, 사춘기 아이들일수록 잘 통하는 전략이 하나 있다. 바로 그들을 더 이상 어린아이가 아닌 하나의 인격체로 존중해주고 대우해주는 것이다.

싫어! 안 해!

사춘기 아이들의 부정적인 말과 거친 행동은 어른들이 통제하기 어렵게 느껴질 때가 있다. 특히 남자아이들의 경우는 더욱 그렇다. 부모보다 키도 커지고 힘도 세진 아이가 반항을 하면 어느 순간 부모도 통제할 수 있는 힘을 잃게 된다.

고학년 아이들 중에는 교사도 다루기 힘들고 어려운 학생이 있다. 문제는 몸만 커지고 힘만 세졌을 뿐, 이 아이들의 마음은 아직 어리다는 점이다. 물론 겉으로 내뱉는 말이나 행동은 그렇지 않아도 조금만 다가가보면 아직 아이임을 쉽게 느낄 수 있다.

늘 감정적으로 대립하는 아이

경욱이는 내가 담임을 맡기 전부터 우리 학교의 유명인사였다. 전 학년 담임선생님에게 수업시간에 교과서를 가져오지 않은 일로 꾸중을 듣다가, 심하게 반항하고 대들었다고 한다. 한번 거칠어진 아이는 제어가 잘 되지 않았고, 선생님은 사소한 일로 아이와 갈등이 계속되자 급기야 건강이 악화되어 병가를 냈다고 했다.

그런데 설상가상으로 담임선생님을 대신해서 오신 기간제 선생님마저 두 달을 못 버티고 그만두었다. 아무리 어르고 달래도 반항적인 태도로 일관하고, 수업시간에 다른 친구들에게까지 영향을 끼치다 보니 참다못한 기간제 선생님이 매를 들었고, 그 일이 문제가 되어 학교를 그만둔 것이다.

고학년 아이들 중에는 이렇게 선생님과 심각한 마찰을 일으키는 경우가 종종 있다. 가끔 뉴스에서 교사가 학생을 체벌했다거나, 반대로 학생이 교사에게 가해를 했다는 기사를 접할 때마다 나는 생각이 많아지곤 했다. 뉴스에서야 벌어진 사건의 결과만 놓고 이야기하지만, 정작 교사와 학생 간에 그렇게 감정대립이 이루어질 때까지 어떤 일들이 있었는지는 아무도 모르는 일이기 때문이다. 감정적으로 격렬해지는 사춘기 아이들을 자주 대하는 나로서는 이런 문제들이 남의 일 같지 않았다.

경욱이는 기본적인 수업준비가 되지 않았다. 필기구와 교과서를 챙기지 않는 건 물론이고, 수업내용도 안중에 없었다. 게다가 수업시간에 아이들에게 장난을 걸기 일쑤였다. 옆구리를 쿡쿡 찔러 시선을 끈 뒤에 재미있는 표정을 지어 웃기기도 하고, 몰래 앞자리에 앉은 아이의 머리에 스카치테이프를 붙여놓고 키득거리며 웃기도 했다.

이런 경욱이의 장난은 다른 아이들의 시선을 끌기에 충분했다. 결국 참다못한 한 아이가 웃음을 터뜨리면 반 전체 아이들 시선이 집중되면서 조용하던 수업 분위기도 엉망이 되곤 했다.

머리에 스카치테이프가 붙은 것을 알게 된 아이는 씩씩대며 범인을 찾으려했다.

"내 머리에 장난 친 사람 누구야?"

"난 아니야."

눈이 마주친 아이들은 하나같이 아니라고만 하고, 누구도 경욱이를 범인으로 지목하지 않았다.

"경욱아, 너지?"

분한 마음에 아이가 몰아세우자, 경욱이는 웃음을 짓고 어깨를 으쓱이며 말했다.

"나 참, 어이가 없네. 증거 있어? 난 스카치테이프도 없는데?"

방금 전까지 경욱이 손에 들려있던 스카치테이프는 어느새 다른 아이의 책상으로 던져졌다. 갑자기 날아든 스카치테이프를 손에 넣은 아이는 어느새 경욱이가 한 장난을 따라했다.

"그만! 경욱아, 친구한테 얼른 사과해."

보다 못한 내가 나섰다.

그런데 아이는 웃음기를 싹 거두더니 큰소리로 말대꾸를 했다.

"내가 하지도 않았는데 왜 사과를 해요? 싫어요! 안 해요!"

적반하장으로 나오는 경욱이의 태도에 나도 모르게 화가 치밀었다. 하지만 나는 애써 마음을 가다듬었다. 지금은 내가 무슨 말을 해도 소용이 없어보였기 때문이다. 아이는 분명 '내가 하지 않았다.', '증거를 대라.'는 식으로 말꼬리를 잡고 늘어질 것이 분명했다.

내가 아무 말이 없자 녀석은 의자에 등을 기대고 삐딱하게 앉아서 눈에 힘을 주고 나를 쳐다보았다. 마치 내가 할 다음 말을 기다리는 것처럼 보였다. 그 순간 나는 깨달았다. 지금 아이의 태도는 나에게 대놓고 하는 거만한 선전포고였다. 아마도 지금까지 이런 식으로 선생님들을 대한 모양이었다.

나는 일단 경욱이는 그대로 둔 채, 경욱이의 장난에 당해 울고 있는 아이를 위로하는 일에 집중했다. 경욱이는 좀 더 시간을 두고 살펴보면서 대응하는 것이 나을 것 같았다.

일단 아이가 그렇게 나오는 이유부터 살펴볼 필요가 있었다. 그때까지는 아이와의 마찰을 최소화하는 것에 집중하기로 했다.

영웅이 되고 싶은 아이

시간이 흐를수록 경욱이의 행동과 말은 점점 거칠어졌고, 별일 아닌 것에도 꼬투리를 잡아 아이들에게 싸움을 걸었다. 그러다 어느 날 한 아이가 참다못해 경욱이에게 욕을 하자, 경욱이는 의자를 집어 들고 내리치려 했다. 나는 그 아이를 급하게 교실 밖으로 데리고 나갔고, 교실 안에서는 경욱이가 계속 씩씩대며 난리를 쳤다.

"이거 놔! 아, 진짜 저리 비키라니까!"

내 부탁을 받은 몇몇 아이들이 몸으로 제지하자, 경욱이는 그 친구들을 상대로 비키라며 옥신각신했다. 그렇게 어느 정도 시간이 지나자 결국 경욱이 스스로 의자를 내려놓았다. 나는 아무도 다친 사람이 없는 것에 일단 안도의 한숨이 절로 나왔다.

나는 경욱이가 의자를 집어 들기는 했지만 누군가에게 내리치지는 않을 거라는 생각이 들었다. 정말 화가 난 아이들은 순간적으로 욱하면서 일을 저지른다. 하지만 경욱이는 의자를 들고 최대한 위협적인 자세를 취하면서 모든 아이들이 자기를 쳐다보고 내가 달려갈 때까지 기다렸다. 그러니까 경욱이가 진짜 화가 나서 욱했다면 의자를 손에 들자마자 바로 내리쳤을 확률이 높다는 뜻이다.

이 사건을 계기로 나는 경욱이를 어느 정도 들여다볼 수 있게 되었다. 아이는 항상 자신이 상황의 주도권을 잡고 싶어 하고, 선생님의 권위에 도전하는 것으로 주변 친구들에게서 영웅이 되고 싶어 하는 것 같았다.

경욱이의 반항적인 행동에는 상황을 자신이 마음대로 주도하고 싶은 마음이 강했다. 따라서 경욱이에게는 어느 정도 아이의 주도권을 존중해주는 것이 중요했다. 경욱이는 누구라도 자신의 자존심을 무너뜨리는 행동이나 말을 하면 무서운 폭주 기관차로 돌변했기 때문이다.

나는 다른 아이들과 수업에 피해가 가지 않는 선에서 어느 정도는 경욱이의 주도권을 인정해주기로 했다. 일단 그러기 위해서 아이를 친구들 앞에서 야단치는 일은 금물이었다.

오늘도 경욱이는 수학시간에 교과서 없이 앉아있었다.

"경욱아, 교과서 꺼내자."

"어디 있는지 몰라요."

"사물함과 가방 안은 찾아봤어?"

"아니요."

"그럼, 지금 찾아봐."

"네, 네. 그런데 잠깐 이것 좀 하고요."

아이는 대답만 하고는 손에 든 큐브만 만지작거렸다. 내가 옆에 서 있었지만 아랑곳하지 않는 표정이었다. 나는 아이 옆을 떠나지 않고 계속 서 있었다. 다른 아이들은 냉랭해진 교실 분위기를 감지하고 우리 둘을 지켜보기 시작했다.

"아, 왜 여기 계속 서 계세요? 수업 안 하세요?"

"경욱이가 교과서를 꺼내야 수업하지. 그런데 나 언제까지 이러고 있어야 해?"

"저는 상관 말고 그냥 하시면 되잖아요."

"그건 안 돼지. 그럼 내가 널 포기하는 게 되거든."

"아, 싫어요! 그냥 포기하세요."

"글쎄, 뭐 나중에 정 안 되면 그럴지도 모르겠지만, 지금은 아니야.

이제 시작이니까. 일단 오늘은 최선을 다 해보려고!"

살짝 나를 쳐보다는 아이의 얼굴에 호기심이 번졌다. 보통 이런 상황에서는 선생님들이 화를 내거나 자신에게 야단을 치는데 예상을 빗나간 것이 조금 의아했던 모양이다.

대부분 사춘기 아이들은 자신이 어떤 행동이나 말을 했을 때 어른들이 어떻게 나올지를 이미 예상한다. 그럴 때 그 예상을 조금만 비틀어주면 아이들은 흥미를 갖고 바라보기 시작한다.

"아, 알았어요. 책 가져오면 되잖아요."

"휴, 고마워! 난 한 시간 동안 이러고 있어야 하는 건 아닌지 내심 걱정했거든."

고학년쯤 되면 아이도 자신의 행동이 무례했다는 것쯤은 이미 알고 있다. 그렇기 때문에 다음에는 그러지 말라는 등의 잔소리는 별 효과가 없다. 모든 말에서 아이에 대한 비난은 빼고, 나의 감정에 치중한 말만 하는 것이 내 경험상 가장 효과적이다.

그 다음부터 경욱이는 수업시간에 교과서를 제법 잘 챙겼다. 어쩌다 깜빡 했을 때도 장난기 어린 나의 말 한마디면 충분했다.

"경욱아, 드디어 오늘이야?"

"네? 뭐가요?"

"교과서! 나 또 네 자리 옆에 서 있어야 해?"

"아참, 알았어요. 가져올게요."

아이는 못 말리겠다는 표정을 지으며 교과서를 챙겼다.

아이의 긍정적인 행동에 집중!

나는 경욱이가 '수업시간에 교과서를 잘 챙기도록 하는 것'에만 충실했다. 그 외의 행동에 대해서는 조금 느슨하게 고삐를 풀어주었다. 그리고 경욱이도 그것이 자기에 대한 나의 배려라는 것을 알고 있는 듯했다. 다른 일에 있어서도 전보다 훨씬 반항하는 일이 많이 줄었기 때문이다. 아이와 나 사이에는 그렇게 말로는 하지 않았지만 눈에 보이지 않는 규칙이 하나둘 만들어지기 시작했다.

이렇게 어느 정도 긍정적인 관계가 형성되었다면, 교육을 할 기본적인 여건은 마련된 셈이다. 그런데 교육을 할 때도 지나치게 열심히 하면 아이의 입장에서는 강요로 느껴질 수 있다. 따라서 말투나 행동은 무심한 듯하고, 가능한 시간을 길게 잡아서 꾸준하게 하는 것이 중요하다.

아이를 훈육하기 위해서는 우선 한 가지 목표만 정하고 그것에 충실한 것이 좋다. 한꺼번에 너무 많은 행동들을 바꾸려고 하면 반항이 생기기 마련이기 때문이다.

"하이, 지나 쌤~!"

아침 출근길, 운동장 저 멀리서 들리는 목소리에 고개를 들어보니 경욱이가 내게 인사하는 소리였다. 마치 반가운 친구를 만난 듯 한쪽 손을 높이 쳐들고 있는 아이가 눈에 들어왔다.

어정쩡하게 아침인사를 받은 그날, 수업시간에 나는 자연스럽게 인사 이야기를 꺼냈다.

"경욱아, 아침에 네가 운동장에서 나한테 '하이, 지나쌤!' 하고 인사했잖아. 선생님은 네가 반가운 마음에 그랬다는 걸 알았는데, 옆에 있던 선생님이 깜짝 놀라신 모양이야."

"네? 왜요?"

"어떻게 학생이 선생님에게 그렇게 인사를 할 수 있느냐고, 너무 버릇없는 것 아니냐고. 그래서 나도 잠시 반성했잖아. 내가 경욱이를 버릇없는 아이로 그냥 내버려둔 건 아닌가 하는 생각이 들었거든."

"에이, 그건 그 선생님이 좀 막힌 분이라 그러신 거죠."

눈치 없이 다른 아이가 끼어들었다.

"그렇지? 경욱이의 진심은 그게 아니었으니까, 형식에 신경 쓸 필요는 없겠지?"

나는 일부러 아이들 입장에서 말을 받았다.

"아, 그래도 남들 보기에는 좀 그럴 수 있을 것 같아요."

이번엔 다른 아이가 반대 의견을 냈다.

"아, 남들 보기에! 하긴 그것도 중요하지. 보통은 스승과 제자 사이에 인사법이 정해져 있기는 하니까."

내 말에 교실에서는 '남들 눈'과 '인사법'에 대한 여러 가지 생각들이 쏟아져 나왔다. 나는 어느 정도 이야기가 정리되자 경욱이에게 말했다.

"그럼 앞으로 선생님과 둘만 있을 때는 편하게 인사하고, 다른 사람들이 같이 있을 때는 예의를 차리는 규칙을 정하자. 어때?"

"네, 좋아요."

경욱이도 흔쾌히 수락했다.

그 일이 있고 며칠 뒤, 퇴근 시간이었다. 동료교사들과 함께 걸어가던 내게 운동장에서 축구를 하던 아이들 중 한 명이 뛰어왔다.

"선생님, 안녕히 가세요."

내 앞에서 아주 정중한 자세로 인사한 아이는 바로 경욱이었다.

"어머, 경욱이가 아주 의젓해졌구나!"

달라진 아이의 태도에 옆에 있던 선생님들의 칭찬이 쏟아졌다. 경욱이는 겸연쩍은 표정으로 웃어 보이며 다시 운동장으로 달려갔다. 이 모습 어디에서 의자를 집어 들며 욕을 해대는 반항적인 아이의 모습을 상상하겠는가.

점심시간, 운동장에서 놀다 교실로 들어오는 경욱이의 손에 긴 막대기가 들려 있었다. 한눈에도 가지고 놀기 딱 좋은 물건이었다. 물론 나에겐 한눈에도 수업을 방해하기 딱 좋은 물건으로 보였다.

"경욱아, 그거 이리 줘. 안 돼!"

짧은 내 말에도 경욱이는 무슨 뜻인지 알아들었다. 그러더니 스스로 대안을 제시했다.

"알았어요. 그럼 여기 교탁 옆에 둘 게요. 대신에 학교 끝날 때 가져가도 되죠?"

훌륭한 제안이었다.

"좋아."

예전 같았으면 또 격렬한 말싸움이 시작됐을 문제지만, 이제는 경욱이도 나도 양보하고 타협점을 찾는 일에 능숙해졌다. 물론 그렇다고 해서 반항하고 거칠게 구는 행동이 모두 사라진 것은 아니다. 그런 일은 드라마에서나 가능할 뿐, 현실에서 아이들이 바뀌어 가는 모습은 아주 천천히 일어난다.

많은 부모들은 아이의 문제행동에 대해 방법을 찾아 그것을 해결하려고 한다. 하지만 내가 보기에 아이들의 문제행동은 해결해야 하는 시선으로 보면 바꿀 수가 없다. 먼저 아이가 그 시선을 눈치 채기 때문이다. 뭔가를 해결한다는 것은 그 뭔가가 잘못되었다는 전제에서 비롯된다. 아이들은 시작부터 화가 나는 것이다. 부모나 교사가 자신의 행동을 잘못되었다고 생각하는데 기분 좋을 아이는 아무도 없다.

문제행동에 집중하기보다 대안이 되는 긍정적인 행동에 집중하고, 그 횟수를 조금씩 늘려나가는 것을 함께 기뻐하고 격려해줄 마음의 자세가 필요하다. 비록 그 행동이 아주 사소한 행동이라고 해도 말이다.

빨간 입술과 짧은 치마

사춘기에 접어든 고학년 여자아이들은 외모에 관심이 높아지면서 화장, 머리 염색, 매니큐어, 옷차림 등에 부쩍 관심이 늘고 어른들을 흉내 내어 꾸미는 일이 잦아진다.

그런데 요즘은 패션에 대한 부분을 하나의 전문적인 자기표현 분야로 인식하면서, 부모들 사이에서도 이에 대한 교육관은 차이가 많다. 아이의 머리를 먼저 염색해주고 유행하는 옷과 화장품을 챙겨서 사주는 부모가 있는가 하면, 아직 어린아이가 무슨 화장이냐며 절대로 못하게 하는 부모도 있다. 그러다 보니 학교에서도 옷차림과 화장은 아이마다 큰 차이를 보인다.

교사로서 딜레마에 빠지다

3월 학기 초, 아직은 매서운 찬바람이 부는 날씨에 무릎 위로 올라오는 짧은 치마를 입고 맨살을 드러낸 채 학교에 온 주인공은 은설이었다. 그런데 짧은 치마도 모자라 머리는 노란색으로 염색을 했다. 분명 어제까지는 갈색 정도였는데 말이다.

"은설아, 안 추워?"

"네, 괜찮아요."

옷차림에 대한 내 잔소리를 예상이라도 한 듯, 단호하면서도 날선 목소리로 대답했다.

"머리는 언제 염색했니? 어제와 머리색이 다른 것 같은데?"

"안 했는데요. 지난번에 한 것이 아직 남은 거예요."

역시 목소리에 경계심이 가득 찼다. 이런 식으로는 대화가 곤란했다.

점심시간이 되자, 이번에는 새빨갛게 물든 은설이 입술이 내 시선을 사로잡았다. 한술 더 떠서 그 입술을 구경하러 모여든 여자아이들이 은설이의 주변에 모여 앉아 화장품 이야기에 한창이었다.

그러더니 다음 날부터는 우리 반에 새빨갛게 물든 입술이 하나둘 더 많아지기 시작했다. 이대로 두면 여자아이들 모두 입술을 빨갛게 칠하고 등교할 기세였다. 뭔가 대책이 필요했다.

아이들을 훈육할 때는 언제나 그들의 입장에서 이해하고, 납득할 수 있는 논리로 설명하는 태도를 취해야 한다. 아이들 스스로 왜 그래야 하는지 이해할 수 있어야만 행동을 바꿀 수 있는 동기도 자연스럽게 생기기 때문이다.

물론 그렇다고 아이들이 문제행동을 당장 바꾸지는 않는다. 하지만 적어도 두 가지 면에서는 효과가 있다. 적어도 하고 싶은 행동을 못하게 하는 나에 대해 적대감이나 거부감은 많이 생기지 않는다는 점과 그렇게 시작된 관계에 시간과 공을 들이다 보면 본인들도 모르게 서서히 행동이 수정되는 효과를 보인다는 점이다.

그런데 은설이의 짧은 치마와 빨간 입술은 첫 단계부터 나를 난관에 빠트렸다. 과연 어떤 논리로 이 아이를 설득해야 할까? 학생답지 못한 차림새라고? 학생이 화장을 하고 옷차림에 신경을 쓰면 공부를 못하게 된다고? 그때마다 어이없다는 표정을 보일 은설이의 얼굴이 떠올랐다.

먼저 교사인 내가 이해할 수 있는 논리가 필요했다. 나는 왜 은설이의 짧은 치마와 빨간 입술이 마음에 걸리는가? 화장을 하고 짧은 치마를 입었다고 해서 수업시간에 문제가 되지 않는다. 어차피 중학교에 가면 교복을 입게 될 테니 저런 차림도 초등학생 때 잠깐뿐일지도 모른다. 머리로는 이렇게 생각하고 있었지만, 그래도 내 마음은 학생이 그런 차림으로 교실에 앉아 있는 것이 도저히 용납되지 않았다.

아, 바로 이거다! 이건 논리의 문제가 아니라, 문화의 문제였다. 우리 문화에서 그런 차림은 학생에게 맞지 않다고 다수가 생각하는 것이 문제였고, 나 또한 그런 문화에 길들여진 다수 중 한 사람이었던 것이다. 나는 바로 이 지점부터 은설이를 공략해보기로 했다.

"은설아, 선생님이 이전부터 하고 싶은 말이 있었는데, 입술에 바르는 그거 색이 너무 빨간 것 같아!"

"아, 이거요? 화장품 아니고 입술 보호제예요. 제가 입술이 얇아서 뭘 안 바르면 트고 피가 나거든요."

조금 단수가 낮은 아이들은 보통 이렇게 질문하면 아무것도 안 발랐다고, 원래 입술색이 빨간 거라고 우긴다. 그런데 은설이는 역시 만만치 않았다. 한 수 앞을 내다보고 의약품이라는 논리를 펴고 있는 것이다.

"응, 알아. 화장품 발랐다고 뭐라고 하려는 게 아니라, 색깔이 너무 빨개서 그렇지. 색깔 없는 입술 보호제를 바르면 되잖아."

"그런데 엄마가 이것밖에 안 사주셨어요."

"그럼 선생님이 색깔 없는 것으로 하나 사줄까?"

"……."

아이는 예상 밖의 내 말에 당황한 눈치였다. 뭐라고 말할까 머리를 굴리는 것이 느껴졌다. 내가 사주는 것을 받으면 더 이상 입술을 칠할 수 없고 변명거리도 없어질 테니 말이다.

"저만 바르는 것 아니에요. 지혜도 바르고, 은서도 바르고 다녀요."

물론 은설이 말처럼 그 아이들의 입술색이 빨간 것도 사실이지만, 굳이 원인을 따지자면 은설이가 먼저 시작했기 때문이다.

"그렇지? 은설이 생각에도 아이들이 많이 바르는 것 같지? 선생님이 그렇지 않아도 고민이었는데 이 문제에 대해 학급토론을 좀 해 봐야겠다. 은설이가 솔직하게 말해줘서 고마워."

일단 상황을 스스로 인정하는 것까지는 성공했다.

다음 시간, 나는 아이들에게 옷차림과 화장품에 대한 이야기를 꺼냈다. 역시나 예상대로 여자아이들의 항의가 거셌다.

"머리 염색을 못하게 하는 것은 인권침해 아닌가요?"

"작년에 우리 선배들도 다 이렇게 입고 다녔어요."

"짧은 치마 입었다고 공부에 방해가 되는 건 아니잖아요."

일단은 이렇게 아이들이 가진 생각을 쏟아내게 하는 것이 중요하다. 먼저 할 말들을 하게 해주어야 내 말을 받아들일 공간이 생기기 때문이다.

"너희들 말 다 맞아, 선생님도 인정! 사실 선생님도 고민을 좀 해봤는데 논리가 안 맞는 것은 맞더라. 그런데 이건 문화의 문제야. 우리나라는 아직 유교문화가 많이 남아있다 보니 학생다운 옷차림을 중요하게 생각해. 그리고 그걸 학교에서도 가르쳐야 한다고 생각하고! 내가 살고 있는 이곳에서, 그 나라 문화를 존중하는 법을 배우는 것은 중요하니까. 비록 논리적으로 이해가 되지 않는다고 해도 말이야."

여기저기서 못마땅해 하는 표정과 삐죽거리는 입들이 보였다. 하지만 아까 감정들을 비워둔 덕분에 어느 정도는 내 말이 빈틈을 비집고 들어간 모양이었다. 더 이상 항의하며 투덜거리는 목소리가 나오지 않았다. 이해와 설득은 여기까지면 충분했다. 이제부터는 강한 어조로 내가 하고 싶은 말을 할 차례였다.

"선생님도 이제부터 선생님의 도리를 실천하기로 했다! 앞으로 짧은 치마, 붉은 입술은 학교에서 금지다. 더불어 학생답지 못한 차림에 대해서는 언제든지 학급회의를 통해 규정을 다시 정하도록 하겠다. 이상!"

약속대로 아이들의 옷차림과 입술색은 다음 날부터 제자리를 찾았다. 다행히 은설이도 대세의 흐름에 동참해주었다.

아이의 남다른 옷차림

학기 초에 옷차림과 화장품 사용에 대한 규칙을 정한 후 한동안 뜸하더니, 은설이의 튀는 패션이 또다시 시작되었다. 처음 시작은 손톱이었다. 어떤 날은 열 손가락을 모두 검정색으로 칠하고 오기도 하고, 어떤 날은 형형색색 네일아트까지 하고 나타났다. 쉬는 시간이면 여자아이들은 은설이 주변에 모여 손톱 감상하기에 여념이 없었다.

한번은 옆 반 선생님이 은설이에 대해 이야기를 했다.

"선생님, 제가 아침에 등교하는 은설이 옷차림을 보고 깜짝 놀라서 한소리 했어요."

"은설이요? 아, 오늘 입은 반바지가 좀 달라붙죠?"

"달라붙기만 해요? 세상에 그렇게 짧은 핫팬츠는 처음 봤어요. 거의 속옷이 다 보일 정도로 짧고, 색깔도 하얀색이라 너무 튀고요."

"네? 은설이가 흰색 핫팬츠를 입었다고요?"

내가 본 것은 청반바지고 핫팬츠가 아니었다. 이게 어떻게 된 일인가 싶었다. 교실로 돌아가 은설이에게 물어보고 나서야 사건의 전말을 알 수 있었다.

"아, 아침에 옆 반 선생님한테 혼나고 나서 화장실에서 갈아입은 거예요."

그러니까 처음부터 혼날 줄 알면서 입고 온 것이다. 만약을 대비해 갈아입을 옷까지 준비해온 것을 보면 아마 누군가 혼내지 않았다면 그 차림으로 계속 있었을지도 모를 일이다.

은설이의 패션은 하루를 멀다 하고 남다른 행보를 보였다. 어떤 날은 굽이 꽤 높은 신발을 신고 오고, 반짝이는 금속으로 시선을 확 끄는 부츠를 신고 오기도 했다. 옷과 머리 모양 또한 마찬가지였다. 어떤 날은 머리에 커다란 리본을 묶고 왔는데, 그 리본이 1교시에는 목에 둘러져 스튜어디스를 연상하게 하더니 2교시에는 팔목에, 3교시에는 허리에 묶는 리본으로 변신했다. 급기야 점심시간부터는 우리 반 아이들의 머리 위에 한 명씩 돌아가며 올라가 앉았다.

다음날은 너도 나도 비슷한 손수건을 하나씩 가져와서 은설이 따라 하기를 선보였다. 그때마다 나는 그 요상한 패션들을 잠재우느라 진땀을 빼야 했다. 리본을 못하게 하면 다음에는 손톱 매니큐어로, 매니큐어를 금지시키면 그 다음에는 파운데이션 겸용 선크림 바르기로 유행이 번져나갔다. 누가 봐도 하얗게 파운데이션을 바른 얼굴인데, 아이들은 화장한 게 아니고 선크림이라고 강하게 주장하는 통에 한참을 애먹는 일이 반복되었다.

은설이의 과감한 패션 중에는 아이들이 절대로 따라하지 못하는 것이 있었으니, 바로 머리 염색하기였다. 처음에 노랗게 시작했던 머리는 어느 날부터는 빨간색으로 변신해 있었다.

"은설아, 머리 또 염색했니?"

"아, 그게 아니고요. 엄마가 머리 염색하는데 약이 남아서 제가 발랐는데 이렇게 된 거예요."

누가 봐도 남은 염색약을 바른 수준은 아니었다. 하지만 워낙 제지해야 할 일이 많다 보니, 다른 친구들에게 영향을 주지 않는 머리 염색 정도는 그냥 넘어가주기로 했다. 이후에도 내가 본 은설이의 머리색은 두세 가지가 더 되었다. 끝만 초록색으로 변한 적도 있었고, 갈래갈래 다른 색으로 부분염색 패션을 선보인 적도 있다.

눈에 띄는 옷차림 뒤에 숨겨진 마음

사실 아이가 패션을 좀 튀게 하고 다니는 것이 뭐가 문제인가 싶을 수 있다. 가치관에 따라서는 그럴 수 있다. 문제는 은설이가 그런 패션을 주변의 아이들한테 전파하려고 한다는 점이었다.

"은설아, 손톱 예쁘다. 이거 어떻게 한 거야?"

"너도 한번 해줄까?"

이러면서 매니큐어 유행이 시작되었다.

"우와, 이 리본머리끈 신기하다."

"그래? 너도 한번 해볼래?" 하고 풀어주면서 우리 반 전체에 리본머리끈 열풍이 시작되었다.

"너 얼굴에 화장한 거야?"

"아니야! 이거 선크림인데, 너도 한번 발라볼래?"

파운데이션 선크림과 새빨간 틴트가 유행할 때는 학교 화장실이 쉬는 시간마다 파우더 룸으로 변신했다.

그러자 여기저기서 민원이 들어오기 시작했다. 화장품을 바르려는 아이들이 세면대 앞 거울을 독차지하면서 다른 아이들이 손을 씻을 수 없게 된 것이다.

가장 심각한 것은 6학년 여자아이들의 질투였다. 감히 본인들도 선생님 눈치 보느라 하지 못하는 화장을 후배들이 그것도 화장실에서 대놓고 하고 있으니 당연히 화가 나는 일이었다. 어떤 여자아이는 우리 반까지 찾아와 내게 항의다.

"선생님, 5학년 여자아이들이 화장실에서 입술에 틴트 바르고 파우더 바르고 그래요. 좀 혼내주세요."

두 번째 문제는 은설이 본인에게서 시작되었다.

"선생님, 6학년 오빠가 자꾸 지나갈 때 제 다리를 만지고 가요."

당황하고 속상해하며 말하는 은설이의 다리를 내려다보았다.

짧은 반바지에 살색 스타킹을 신은 모습은 한창 사춘기가 시작된 남자아이들의 시선을 끌 수밖에 없었다. 문제의 6학년 남학생을 찾아 혼쭐을 내준 다음, 나는 은설이에게 너무 짧은 반바지와 치마 등을 입을 때 주의할 점과 그런 옷차림이 불러올 수 있는 오해들에 대해 설명해주었다.

"선생님, 옆 반 수빈이가 자꾸만 저더러 시내에 같이 놀러 가자고 해요. 싫다고 하는데도 자꾸만 집적거려서 귀찮아요."

수빈이는 옆 반에서 친구관계에 문제가 좀 있는 아이였다. 수빈이가 우리 반의 그 많은 아이들 중에서 유독 은설이를 쫓아다니며 귀찮게 한 모양이다. 수빈이를 불러서 야단을 친 다음 다시 그러지 않겠다는 약속도 받았지만, 은설이가 바뀌지 않는다면 제2, 제3의 6학년 오빠와 수빈이가 언제든지 등장할 수 있었다. 은설이에게 문제가 있을 때마다 이런 점을 말해주며 열심히 타일러봤지만, 그 효과는 며칠밖에 가지 않았다.

나는 은설이 어머니에게 상담을 요청했다. 직장에 다니느라 바쁘다고 하셔서 전화상담을 하였다. 은설이에게는 중학생 언니가 있는데, 언니도 은설이처럼 예쁘고 공부 잘하고 육상에도 소질이 있어서 학교대표 선수로 각종 대회에 출전한다고 했다.

은설이는 유치원 때부터 발레를 시작하여 꾸준히 해왔는데, 4학년 때 아이가 갑자기 슬럼프에 빠져 그만뒀다고 한다. 손톱이나 머리를 과하게 치장하고 다니는 것은 발레대회를 나갈 때 하던 버릇이 남아서 그런 것 같다고 했다.

"은설아, 발레는 왜 그만둔 거야?"
"계속 다이어트를 하면서 체중조절을 해야 하니까 너무 힘들었어요."
"은설이는 발레 할 때 정말 예쁘고 잘했을 것 같은데 아쉽구나. 그럼, 지금도 발레를 계속하는 친구들 보면 마음이 좀 그렇겠다."
"네, 좀……."
말을 얼버무리며 고개를 숙이는 아이의 얼굴에 어두운 표정이 스쳤다. 은설이는 하고 다니는 겉모습과 다르게 말을 할 때는 수줍음이 많아서 아이와 나누는 대화는 오래 지속하기가 힘들었다.

그런데 오늘 은설이의 어두운 표정에서 나는 그동안 보아왔던 은설이의 행동을 조금 이해할 수 있었고, 아이의 마음도 느낄 수 있었다.

은설이는 발레를 정말 좋아했던 모양이다. 육상을 하는 언니와 달리 은설이가 발레를 선택했던 것은 남들의 시선을 한눈에 받으며 아름다움을 마음껏 뽐낼 수 있기 때문이었을 것이다. 신체적인 활동도 좋아하면서 아름다움을 추구하는 기질을 함께 지닌 은설이에게 발레만큼 좋은 것이 또 있을까 싶었다.

그런데 모든 분야가 다 그렇듯 어느 정도 위치에 올라가기 위해서는 남들과 다른 노력과 인내가 필요하다. 저학년까지의 발레는 신체적인 조건이 되면 무리 없이 따라갈 수 있지만, 고학년이 되면서 점점 기술도 어려워지고 몸도 커져서 남들보다 앞서기 위해선 다이어트와 피나는 노력이 추가로 더 필요했다. 은설이는 바로 이 지점에서 산을 넘지 못하고 포기한 것이다.

하지만 마음속에는 스포트라이트를 받고 싶은 갈증이 남아있다 보니, 자연스럽게 옷차림이나 머리 모양으로 그 마음이 표출되었던 것이다. 그전까지는 발레를 통해 그런 갈증들이 충족되어서 별 문제가 없었는데, 발레를 그만두고부터는 돌파구를 찾을 수 없어 우울했던 것 같다. 오랫동안 열심히 하고 좋아한 발레를 그만두고 나서, 아이가 너무 힘들어하니까 부모는 그런 아이가 안쓰러워 옷과 화장품을 사주는 것으로 달랬던 것이다.

자기표현의 기회

이제는 은설이가 머리를 빨갛게 염색하고 학교에 와도 이전처럼 내 마음이 내려앉지 않았고, 오히려 좋은 기회로 반겼다. 평소에는 수줍어서 내게 잘 다가오지 못하는 은설이에게 아이의 관심거리를 갖고 다가갈 수 있었으니까 말이다.

"이 색깔로 염색하려면 탈색을 한 번 해야 하지 않아?"

"어떻게 아셨어요?"

은설이는 자기의 관심사로 말을 걸자, 활발한 기질을 발휘하며 갑자기 수다스러워졌다.

"야, 진짜 전문가가 따로 없네. 네가 알고 있는 정보들을 모아서 SNS에 뷰티 블로그를 운영해도 되겠다."

내 말에 은설이는 다시 쑥스러워하며 수줍음이 얼굴에 번졌다.

"은설아, 세상에는 자기가 좋아하는 일을 하며 조용히 두각을 나타내는 사람들이 많이 있어. 그리고 은설이에게는 남다른 저력도 정말 많잖아. 선생님 눈에는 보이는 걸! 그렇게 오랫동안 발레를 했던 것만 봐도 알 수 있지. 지금 당장이 아니라도 괜찮아. 꾸준히 네가 좋아하는 일에 대해 노력하는 태도로 자기표현을 해봐. 세상에 노력하지 않고 얻어지는 것은 없으니까!"

은설이는 고개를 끄덕였다.

너무 어렸을 때부터 남들의 시선을 한 몸에 받고 두각을 나타내는 경험을 한 아이들은 그 반짝임이 사라졌을 때 더 많은 허전함을 느낄 수도 있다. 아직 성장과정에 있는 우리 아이들에게 정작 필요한 것은 남들보다 앞서는 성공의 경험이 아니라, 주변의 많은 사람들과 작은 일이라도 주고받으며 함께 공유하는 즐거움을 경험하게 하는 것이 더 중요하다는 생각이 들었다.

여자라면 누구나 예쁘게 보이고 싶은 마음이 있다. 아직 어린아이들이라고 해서 예외는 아니다. 하지만 무엇이든 조금 지나치다 싶은 것에는 다른 문제들이 섞여 있기 마련이다. 아이가 화장과 옷차림에 관심을 갖는다면 우선 주변의 친구들과 비교해보길 바란다. 또래 아이들에 비해 너무 심한 편이 아니라면, 그리고 학교규칙에 어긋나지 않는 정도에서 적당히 자기표현의 기회를 살려주는 것도 나쁘지는 않다. 하지만 좀 지나치고 과하다는 생각이 들 때는 조금 다른 문제가 있는 것은 아닌지 살펴보고, 때와 장소를 구분하여 표현할 수 있도록 하는 어느 정도의 훈육은 필요하다.

내 감정을 잘 모르겠어요

　사춘기가 시작되는 시점은 아이들의 달라진 감정변화에서부터 느낄 수 있다. 이전에는 아무 말 없이 잘하던 것도 갑자기 화를 내거나 억울해하고 짜증을 내며 하기 싫어한다. 달라진 아이의 태도에 당황스럽기는 부모나 교사나 모두 마찬가지이다.

　감정이 폭발하는 아이를 대하는 어른들의 태도도 다양하다. '점점 버릇이 없어지는군. 안되겠어. 더 확실하게 잡아야지. 이러다가 중학생이 되면 더 힘들어질 거야.'라는 생각에 더 강하게 아이를 훈육하는 부모도 있다. 그런가하면 '이 녀석이 어떻게 나에게 이런 말을 할 수 있지? 정말 품 안의 자식이구나. 그래, 네 마음대로 해라.' 하며 체념하는 마음으로 아이를 대하는 부모도 있다.

　하지만 정작 아이들이 원하는 것은 강하게 대하는 것도, 그렇다고 마음대로 내버려두는 것도 아니다. 아이들이 원하는 것을 알기 위해서는 먼저 폭발하는 감정의 근원부터 알아봐야 한다.

감정폭발의 근원지를 찾아서

교실에서 난투극을 벌이던 두 아이가 내 앞에 소환되어 왔다. 아이들은 아직도 분이 안 풀렸는지 씩씩대며 서 있었다.

"무슨 일인데 서로 치고 박고 싸웠어?"

내 질문에 대웅이가 대답했다.

"아, 진짜 얘가 먼저 때렸다고요!"

그러자 상대편 윤후가 어이없다는 듯이 말했다.

"먼저 내 휴대폰 만진 건 너였잖아. 내가 좋은 말로 돌려달라고 해도 못 들은 척 하고, 내 문자도 막 열어봤잖아."

휴대폰을 허락도 없이 열어봤다니, 윤후가 화 날만 했다.

"네가 보지 말래서 카톡은 안 열어봤잖아."

그런데 대웅이가 완전 적반하장으로 나왔다. 보다 못한 내가 한마디 했다.

"대웅아, 지금 카톡을 안 본 게 문제가 아니라, 네가 윤후의 허락 없이 휴대폰 문자를 본 것에 대해 먼저 사과해야지."

"아, 다른 날은 내가 봐도 아무 소리 안 했었단 말이에요."

대웅이는 억울한 듯 말했다.

"그래, 다른 날은 그랬어도 오늘은 윤후가 보여주기 싫었을 수 있지. 휴대폰 같은 개인 물건은 언제나 주인에게 허락을 받는 거야."

"아, 왜 저한테만 그러세요? 얘가 먼저 때렸단 말이에요."

상황이 불리해지니까 대웅이는 때리고 맞은 상황으로 주제를 돌렸다.

"그래, 때린 것은 윤후가 잘못한 게 맞아! 윤후야, 좋은 말로 먼저 하고, 그래도 안 되면 선생님께 이야기를 했어야지. 친구를 때리는 것은 어떤 상황에서도 용서가 안 된다고 했지?"

내 말에 윤후는 순순히 잘못을 인정했다. 그러더니 대웅이 팔을 슬쩍 잡으며 미안하다고 사과했다. 그런데 대웅이는 아직도 화가 풀리지 않은 채 사과도 받지 않았다.

"대웅아, 윤후가 먼저 때린 것에 대해 사과하잖아. 너도 네 마음대로 휴대폰 열어본 것을 사과해야지."

그 순간 씩씩대며 서있던 대웅이의 눈에서 굵은 눈물방울이 뚝뚝 떨어졌다.

아이가 울음을 터뜨리자, 나도 좀 당황스러웠다. 일단 대웅이 혼자만 남긴 채 혹시 말하기 어려운 다른 사정이 있었던 것은 아닌지 이것저것 물어보며 아이를 다독였다. 긴 시간 동안 대화를 가져봤지만, 별 다른 이유는 없었다. 대웅이는 내내 못마땅한 표정으로 그날 하루를 보냈다.

대웅이는 평소 모범적인 아이였다. 공부도 잘했고 듬직한 면도 많았다. 그런데 선생님에게 혼나는 상황에서는 자신이 잘못한 일도 인정하지 않고 늘 억울하다고 하며 눈물을 보였다. 아무리 살펴봐도 대웅이가 학교에서 보이는 억울하다는 감정은 도가 지나쳤다. 이것은 대웅이의 내면에 자리 잡고 있는 감정인 듯했다.

나는 대웅이 어머니와 상담시간에 이와 같은 아이의 특성을 말씀 드렸다.

"집에서 하던 버릇을 그대로 학교에서 하네요. 이상하게 집에서도 울면서 억울하다는 말을 자주 해요."

"보통 고학년 남자아이들은 우는 것에 대해 창피하다고 생각하는 경향이 있거든요. 평소에는 남자답고 듬직한 모습이 많은 아이인데, 집에서 어떤 때 울면서 억울하다는 말을 하나요?"

"동생과 싸울 때죠. 두 살 아래 여동생이 있는데, 둘이 툭하면 잘 싸워요. 아이들이 어렸을 때부터 오빠가 동생을 잘 챙겨줘야 한다는 생각에 큰애를 더 많이 나무랐던 것 같아요. 그래서 녀석이 억울한 감정이 많이 생겼나 봐요."

그럴 수도 있겠다는 생각이 들었다. 하지만 그건 어느 집에서나 흔한 풍경 아닌가. 그렇다고 모든 큰아이가 대웅이처럼 억울한 감정을 과하게 가지고 자라는 것은 아니다.

"대웅이가 울면 어머니 마음은 어떠세요?"

"야단치다가도 좀 짠한 마음이 생기죠. 아이가 닭똥 같은 눈물을 뚝뚝 흘리니까요. 그리고 사실 여동생이 좀 센 편이긴 해요. 요즘은 오빠를 거의 이겨 먹을 정도니까요. 그래서 대웅이가 울 때는 여동생도 같이 불러다가 똑같이 혼을 내줘요."

아무래도 여기에 이유가 있는 것 같았다. 대웅이 입장에서 보면, 얄미운 여동생에게 복수할 수 있는 유일한 방법은 우는 것이 아니었을까 싶었다. 물론 마음만 먹으면 힘으로 얼마든지 제압할 수 있겠지만, 그러면 동생 때리는 오빠라고 야단만 더 맞을 것이 뻔했다. 하지만 억울하다고 울어버리면 상황이 역전되었다. 기센 여동생에게 매일 져주다가 참았던 울음을 터뜨려버린 착한 오빠가 되는 것이다.

그날 이후 나도 대웅이의 눈물에 다른 방법으로 대처했다. 그러다 보니 교실에서는 이런 풍경이 자주 펼쳐졌다.
"엉엉~ 억울해요, 억울해!"
"대웅아, 다 울고 나면 다시 이야기하자."
가슴을 치며 억울하다고 눈물을 펑펑 쏟는 아이를 앞에 두고 나는 가만히 기다려주었다. 다른 아이들은 대웅이를 달래줘야 하나 말아야 하나 힐긋거리며 내 눈치만 보았다.
"속상하고 억울할 땐 마음껏 울어야지. 일단 속 시원하게 울고, 감정이 풀리면 그때 다시 이야기하자."
엉엉 우는 아이 앞에서 평정심을 유지하기란 쉬운 일이 아니다. 하지만 그렇게 함으로써 나는 대웅이에게 암묵적인 가르침을 주고 있는 셈이었다.
'대웅아, 이곳은 여동생도 없고 네게 오빠니까 무조건 참으라고 하는 사람도 없어. 그리고 선생님은 친구들과 항상 대등하게 너를 대할

거야. 그러니까 지금 너의 그 억울한 마음이 진짜인지, 가짜인지 스스로 한 번 돌아보렴.'

대웅이에게는 울음에 동요하지 않고 기다려주는 것이 훈육을 겸한 방법이었다.

감정의 급격한 변화

고학년이 되고 사춘기가 되면서 아이들의 감정이 점점 격해지는 이유에는 여러 가지가 있지만, 지금까지 보이지 않던 것들이 보이기 시작하는 것도 이유이다.

숙제를 안 했다고 엄마가 화를 낼 때 지금까지는 꾹 참고 있었지만, 어느 순간 엄마 탓을 하며 짜증을 내면 상황이 좀 달라진다.

"나도 숙제하려고 했다고요. 그런데 배가 고파서 먹을 것을 찾았는데, 엄마가 오늘 집에 없어서 아무것도 못 먹었잖아요."

아이의 말에 엄마는 미안한 마음이 들면서 숙제에 대한 잔소리를 멈춘다.

아이가 보이는 분노의 감정도 비슷한 맥락에서 시작한다. 지금까지 부모는 아이에게 인생에서 낙오자가 되지 않으려면 남들보다 더 열심히 노력해야 하고, 지금 네가 노력해야 할 일은 바로 공부라고 하면서 아이를 채근해왔다. 그런데 어느 순간 아이는 부모의 학창시절이 보이시 시작했다. 부모가 나온 대학이 어디인지를 알게 되면서

'왜 엄마도 못한 일을 나에게 하라고 강요하는 거지?' 하며 화가 날 수 있다. 아이의 그런 감정변화를 모르고, 늘 하던 대로 아이에게 공부하라는 잔소리를 던졌다가는 뜬금없는 분노의 감정이 폭발하여 되돌아오는 경험을 하게 될지도 모른다.

아이의 기질에 따라 분노의 감정을 표현하는 방식도 다양하다. 어떤 아이들은 이렇게 직접적으로 화를 밖으로 표출하지만, 어떤 아이들은 그 화를 속으로 삼킨다. 그리고 무엇을 물어도 대답조차 하지 않는다. 부모의 잔소리에 방문을 '쾅!' 하고 닫아버리기도 한다. 겉으로는 전혀 다른 행동이지만 근원을 찾아보면 맥락은 같다. 바로 분노의 감정을 수동적으로 표현하는 방식인 것이다.

감정을 속으로 삼켜버리고 대답을 하지 않거나 방문을 '쾅' 닫아버리는 아이에게도 그 행동들에 대해 부모가 화를 내지 않는 것이 중요하다. 부모를 화나게 하는 것이 어쩌면 화를 속으로 삼킨 아이가 바라는 행동일지도 모른다. 아이의 그런 행동과는 상관없이 훈육할 것은 단호하게 하고, 또 부모가 사과할 일이 있거나 아이에게 고마운 일이 있으면 진심으로 표현하는 것이 가장 좋은 방법이 될 수 있다.

사춘기 아이들이 겪는 감정변화는 어쩌면 어른의 세계로 진입하기 위한 통과의례인지도 모른다. 어른들처럼 자신의 감정을 적절히 조절하며 사회적 기술을 익히기 전에 반드시 겪어야만 하는 과정 말이다. 사춘기를 제대로 겪지 않고 어른이 된 사람들이 사십춘기, 오십춘기를 겪는다는 요즘 말들이 어쩌면 이런 부분을 잘 대변해주는 말이 아닐까 하는 생각이 든다.

분노의 감정을 표출하는 아이들에게는 그 감정을 다독여줄 누군가가 필요하다. 그런데 문제는 아이들이 커서 감정을 다독이는 방법이 모두 다르다는 점이다. 바로 이 지점이 어른들에게 어렵게 느껴지는 지점인 것 같다. 예전처럼 다독인다고 등을 토닥여주었다간 귀찮다는 표정으로 팔을 휘둘러 그 손을 막아버리는 아이의 행동에 부모가 더 당황스러워질지도 모른다.

아이들의 눈에 보이지 않던 것들이 보이기 시작했다는 것은 이제 그들도 절반은 어른의 세계에 발을 담갔다는 의미이다. 어른들의 세계에서 누군가의 감정을 다독여줄 때 머리를 쓰다듬거나 등을 다독여주는 것이 일반적이지 않다. 그런 게 통하는 상대가 있고 아닌 상대가 있다. 우리 아이들도 마찬가지다. 이제는 아이가 원하는 방법으로 감정을 다독여주어야 한다. 그리고 그 방법은 아이마다 다르다.

선생님은 절대 모르실 거예요!

사춘기 아이들과 대화를 해보면 가장 흔하게 겪는 일이 바로 진실 공방이다. 아이의 말이 어디까지가 진실이고, 어디까지가 과장된 표현을 하는 것인지 또는 슬쩍 거짓말을 하고 있는 것인지 가늠하기 힘들기 때문이다.

또 거짓말이라는 것을 알게 된다고 해도 그 속마음이 뻔히 보이는 경우, 혼날까봐 걱정되니 그랬겠지 싶은 마음에 슬쩍 속아 넘어가주기도 한다. 하지만 어떤 경우에는 거짓말인지도 모르게 상황을 자기편으로 만드는 일도 발생한다.

선생님은 거짓말인 줄 모르실 거야

"선생님, 제 카드가 스무 장이나 없어졌어요. 그런데 그걸 규민이가 갖고 있는 것 같아요."

쉬는 시간에 내게 다가와서 그렇게 말하는 정우의 손에는 백 장이 넘는 카드가 들려있었다.

만화 캐릭터가 그려진 이 카드는 우리 반에도 유행이 번져서 쉬는 시간만 되면 모두들 교실바닥에 둘러앉아 카드놀이에 빠지곤 하였다. 또 캐릭터별로 카드를 모으는 재미도 있어 머리를 맞대고 서로의 카드를 구경하며 각각의 캐릭터에 대한 내용으로 이야기꽃을 피웠다. 그러다 보니 한 아이가 보유한 카드 수가 적게는 수십 장에서 많게는 수백 장에 달했다.

"그래? 선생님이 카드놀이를 잘 몰라서 그러는데, 각자 자기 카드에 이름을 써놓고 놀이를 하는 거야?"

앞뒤 상황 없는 정우의 뜬금없는 말에 나는 일부러 카드놀이 방법이 이해가 안 되는 것처럼 질문을 던졌다.

"아니에요, 이름은 안 써요."

"그런데 규민이 카드가 네 것이라는 것을 어떻게 안 거야?"

"여기를 보세요. 이렇게 무늬가 조금씩 다르거든요."

"어디? 어떤 무늬?"

아무리 눈 씻고 찾아봐도 내 눈에는 다 같은 카드로 보였다.

"여기 귀퉁이에 있는 작은 무늬요. 카드를 살 때 한 장씩만 사는 게 아니라, 여러 개를 세트로 사기 때문에 카드마다 조금씩 다른 점이 있어요. 자세히 보면 알 수 있어요. 또 카드를 보관하는 카드 집도 다르고요"

정우는 내가 알아듣기 쉽게 설명해주었다. 그렇다면 정우가 규민이를 의심할만한 충분한 근거가 있는 셈이었다.

나는 바로 규민이를 불렀다.

"아니에요! 이건 제가 동생한테 받은 카드예요."

규민이는 강력하게 부인했다.

두 아이 중에 한 명이 거짓말을 하고 있는 셈인데, 고학년 아이들은 한 수 앞을 내다보고 말하기 때문에 꼼꼼하게 따져보지 않으면 진위여부를 파악하기가 어렵다.

"그래? 그럼 동생 불러와서 선생님이 잠깐 확인해도 될까?"

"우리 학교 다니는 애가 아니에요. 그냥 학원에서 만난 동생이거든요. 그 동생은 하나초등학교 다녀요."

"그렇구나. 그 동생하고 같이 다니는 학원은 어디야?"

"보람영어학원이요. 지난 일요일에 보충수업이 있어서 학원에 갔었는데, 우리 집에 같이 와서 놀다가 카드를 주고 간 거예요."

"그렇구나. 그런데 선생님은 지금 입장이 좀 난처해. 정우는 자기 카드 같다고 하고, 규민이는 동생한테 받은 카드라고 하니까! 선생님 입장에서는 아무래도 그 동생을 찾아봐야 할 것 같네."

그러자 규민이가 내 말을 가로챘다.

"선생님은 모르실 걸요? 나도 이름까지는 모르는 동생인데……."

그 순간 나는 사건의 전모가 조금씩 드러나는 것을 느꼈다.

"괜찮아. 선생님이 찾아볼 수 있을 것 같아."

"어떻게요?"

규민이가 다시 따지듯이 물었다.

"하나초등학교에 전화해서 보람영어학원에 다니는 아이들 중에서 일요일에 규민이라는 형 집에서 놀았던 친구가 있는지 찾아봐 달라고 그쪽 선생님께 부탁드려보려고!"

"저, 그 동생 몇 학년인지도 모르는데……."

"그래? 보람영어학원에 전화해서 지난 일요일에 규민이와 보충수업 받은 아이를 찾아보는 방법도 있지."

"저는 학원 전화번호 몰라요."

"괜찮아. 인터넷에 검색해보면 나오니까."

순간 규민이의 얼굴이 굳어졌다. 더불어 나의 심증도 굳어졌다.

사실 그대로, 진실을 말하기까지

얼핏 보면 규민이가 훨씬 더 상황을 자세하게 이야기하고 있는 것 같지만, 조금만 살펴봐도 규민이의 마음이 불안하다는 걸 쉽게 알 수 있었다. 정우는 내가 규민이와 대화하는 동안 표정의 흔들림이 거의 없었다. 하지만 규민이는 내가 한 가지를 말할 때마다 그것이 안 되는 이유를 먼저 설명하려고 했다. 나는 대화를 중단하고 일단 정우를 들여보낸 후, 규민이와 단둘이 이야기할 수 있는 장소로 자리를 옮겼다.

"규민아, 선생님이 너를 따로 부른 이유는 솔직히 말하고 싶어도 친구들 앞이라 못할 수도 있을 것 같아서야. 일단 너는 두 가지 중 한 가지를 선택을 할 수 있어. 하나는 지금 사실대로 이야기하는 거야. 그렇게 하면 선생님은 더 이상 규민이를 야단치지 않고 카드만 돌려주고 이 일을 없었던 일로 할 생각이야. 하지만 두 번째 네가 끝까지 진실을 말해주지 않는다면, 선생님은 할 수 없이 학원에 전화해서 그 동생을 찾을 수밖에 없어. 그렇게 되면 학원과 부모님께도 이 이야기가 들어가게 될 거고, 그럼 일이 더 커질지도 몰라."

아이들이 진실을 말하기 위해서는 어느 정도 용기가 필요하다. 그 용기는 아이들이 잘못한 행동과는 별개로 충분히 칭찬받을 만한 일이다. 그런 이유로 나는 규민이가 진실을 말하면 더 이상 벌을 주지 않겠다고 약속했다.

사실 규민이는 이미 충분히 벌을 받고 있었다. 그렇게 불안한 마음으로 선생님과 친구들 앞에서 대화를 이어가는 것이 얼마나 힘들었겠는가.

사실 규민이 입장에서는 선택의 여지가 없었다. 하지만 고학년 아이들에게는 아이 스스로 선택할 수 있는 기회를 주는 것이 중요하다. 어른이 시킨 대로 해야 한다고 느끼는 것과 비록 선택의 폭이 좁을지라도 자신이 선택했다고 느끼는 것에는 아주 큰 차이가 있기 때문이다.

"엄마에게는 말하지 않을 거예요?"

규민이는 걱정스런 얼굴로 내게 물었다. 아이가 내심 걱정하던 문제가 한 가지 더 있었던 것이다.

"음, 당연하지. 아무에게도 말하지 않을 거야. 약속해!"

나는 힘주어 말했다. 그제야 규민이는 진실을 말했다.

"사실은 제가 정우 것을 가져간 게 맞아요. 점심시간에 정우 없을 때 카드가 보여서 그냥 몇 장 가져갔어요."

나는 규민이에게 약속대로 더 이상 아무것도 묻지 않고, 바로 정우를 불러 카드를 돌려주게 하였다. 그리고 정우도 따로 불러서 언질을 주었다.

"정우야, 방금 전에 규민이가 사실대로 말하고 네 카드를 돌려주기로 했어. 그런데 선생님이 정우에게 부탁할 일이 있어. 정우는 카드를 잃어버려서 속상하고 화가 났겠지만, 너도 아까 봤듯이 규민이도 카드를 가져가고 나서 마음이 편치 않았을 거야. 그래서 선생님한테 사실대로 말하면 더 이상 혼내지 않기로 약속했거든. 대신 앞으로 이런 일이 한 번 더 생기면 그때는 선생님이 규민이를 따끔하게 야단치기로 약속할게. 그러니까 이번 한 번은 정우가 규민이를 용서해줄 수 있을까?"

다행히 정우는 그러겠다고 했다. 그렇게 우여곡절 끝에 결국 규민이가 정우의 카드를 돌려주었다.

도덕적 가치관이 부족한 아이들

그 일이 있은 후, 나는 도덕적 가치관이 부족한 아이들에 대한 생각들로 마음이 복잡해졌다.

아마도 규민이는 자신이 원하는 것을 얻기 위해 지금까지 이런 거짓말들을 꽤 많이 구사했던 게 아닌가 싶었다. 그리고 그 거짓말이 지금까지 꽤 잘 통했던 모양이다. 아이가 거짓말이 들통 나는 경험을 했어야 도덕적인 가치들을 배울 기회가 생겼을 텐데, 유아기와 저학년 때 그런 기회를 많이 갖지 못해서 고학년이 된 지금은 거짓말이 하나의 습관으로 자리매김한 것 같았다. 거짓말이었음이 밝혀진 후에도 무안해하거나 부끄러워하는 기색이 없었던 규민이를 보면서 더욱 그런 생각이 들었다.

다행히 그 후에는 규민이에게 비슷한 일이 다시 일어나지 않았다. 하지만 아이들 사이에서 간간이 푸념 섞인 말들이 들려왔다.

"선생님, 원래 규민이가 하는 말은 다 믿으면 안 된다니까요!"

규민이가 강하게 나설 때는 결국 말싸움만 길어지고 규민이 자신한테 유리하게 상황을 만드는 일이 반복되다 보니, 아이들은 아무도 대꾸를 하지 않으며 슬쩍 자리를 피하는 것으로 대처해가고 있었다.

학교에서도 날이 갈수록 똑똑한 아이들을 많이 만나볼 수 있다. 아무래도 아이들이 학교 밖에서 배우는 것들도 많고, 부모들의 교육열이 높다 보니 예전과 다른 양상을 보이는 듯하다. 그런데 이상하게도 이렇게 똑똑한 아이들 중에는 도덕적 가치관이 부족한 아이들이 의외로 많다. 자신의 주장을 펼치는 일에 아주 똑 부러지는데, 남들을 배려하고 공동체를 위해 양보할 줄 아는 미덕은 찾아보기 힘들다. 더 문제인 것은 그런 아이들일수록 도덕적 가치들을 받아들이는 일이 더욱 늦다는 점이다.

규민이의 경우도 그랬다. 1년을 함께 지내면서 나는 여러 가지 방법으로 규민이를 가르치려고 시도해보았지만, 다른 아이들만큼 좋은 성과를 얻지 못했다. 똑똑하고 영리한 아이였는데도 말이다. 언제나 규민이를 대할 때면 그릇에 물이 가득 차 있어서 더 이상 내가 말해주는 것들을 담아둘 곳이 없는 것처럼 느껴졌다.

그리고 도덕적 가치관이 부족한 아이들이 보이는 공통점은 잘못했을 때도 민망함, 수치심 등의 감정들을 찾아보기 힘들다는 점이다. 무엇인가를 배우고 바꿔나가기 위해서는 이런 감정들이 먼저 선행되어야 한다. 잘못을 해도 별다른 감정을 느끼지 않으니 다음에도 행동이 바뀌지 않는 것이다.

친구관계도 겉으로 드러나는 큰 문제는 없지만, 진정으로 마음을 열고 가까이 지내는 친구 또한 없다. 어찌 보면 이 아이들은 남들보다 앞서가기 위해 주어진 시간들을 쓰느라, 초등학교 시기에만 배울 수 있는 소중한 것들을 더 많이 잃고 있는 것은 아닌가하는 생각이 들었다.

아이가 고학년이 되었다면 한 번 쯤은 아이가 하는 말을 의심해볼 필요가 있다. 아이가 순수하지 않거나 나빠서가 아니라, 우리 아이가 얼마나 컸는지 살펴보는 의미에서 필요한 일이라고 생각한다.

그리고 설혹 아이가 거짓말을 한다고 해도 크게 낙담할 필요가 없다. 아이에게 도덕적 가치를 더 강조하고 가르칠 때가 되었구나 하는 훈육의 사인으로 받아들이면 된다. 그리고 그때부터는 아이의 생활에 대해, 아이가 좋아하는 친구, 놀이에 대해 더 많은 관심을 갖고 살펴야 한다. 아이에 대한 많은 정보를 알고 있는 것이 아이의 거짓말에 대처하는 가장 좋은 방법이다.

내 몸의 변화가 느껴져요

사실 눈에는 잘 보이지 않지만, 초등 고학년 아이들은 내적으로, 신체적으로 매우 급격한 변화를 겪는다. 아이들이 아침에 일어나기 힘들어하고 매사에 귀찮아하는 것도 어쩌면 그들의 몸속에서 이미 힘들고 바쁜 일들이 한창 벌어지고 있기 때문이지도 모른다. 어린아이에서 어른으로 자라려니 몸도 얼마나 준비할 일들이 많겠는가.

물론 아이들의 신체발달은 개인차가 매우 커서 생리를 시작하고 변성기를 거치는 아이들이 있는가 하면 아직도 어린아이의 모습이 역력한 아이들도 있다. 하지만 그 신체적 변화가 밖으로 나타나든 나타나지 않든지 이 시기의 아이들에게는 이런 위로의 말이 필요할지 모른다.

"우리 ○○가 크느라고 고생이 많구나."

어쩌면 사춘기의 다양한 반항들은 이런 위로의 말이 부족해서 질풍노도로 나아가는지도 모르겠다.

여자아이들의 변화

사춘기를 맞은 고학년 여자아이들의 커다란 변화는 신체에서 시작된다. 다양한 2차 성징들이 나타나면서 아이들도 몸의 변화에 적응하는 시간을 겪어야 한다. 그래서 아무래도 또래보다 너무 일찍 신체변화를 느끼는 아이들은 당황스러워하기도 하고 이를 숨기려고도 한다.

하지만 부모 세대에 비하면 요즘은 아이들 성교육에 대한 인식이 보편화되어 많은 아이들이 제때에 교육을 받아 변화에 빠르게 적응하는 모습을 보이곤 한다.

초등학교에서 고학년은 17시간의 보건교육을 받는다. 이 시간은 보건교사가 직접 수업한다. 흡연, 질병 등 다양한 건강관련 주제와 더불어 성교육과 2차 성징에 대한 주제도 이 시간에 전문적으로 이루어진다. 아무래도 전문교사가 지도를 하다 보니 아이들도 체계적이고 긍정적으로 사춘기의 변화들을 받아들이는 경향이 있다.

그중 대표적인 것이 '생리'에 대한 생각이다. 부모 세대에서는 부끄럽고 창피하다며 숨기려는 여자아이들이 많았다면 지금은 오히려 당당하게 드러내고 표현하는 여자아이들이 늘었다.

"선생님, 저 오늘은 생리를 시작해서 컨디션이 안 좋아요. 체육시간에 좀 쉬면 안 될까요?"

"선생님, 생리대를 안 가져와서 보건실에 좀 다녀올게요."

여기에는 부모들의 인식변화도 큰 몫을 차지한다. 딸아이가 첫 생리를 시작하면 엄마는 예쁜 속옷을 사서 선물해주고, 아빠도 커다란 꽃바구니에 딸의 성장을 축하하는 카드를 써서 선물해주기도 한다. 부모의 이런 축복 속에 2차 성징을 맞이한 아이들은 학교에서도 당당한 모습을 보이기 마련이다.

게다가 또래들끼리도 다양한 정보를 공유한다. 그래서 다소 늦게 시작하는 여자아이들은 오히려 친구들을 통해 정보를 많이 들어 더 유리하고 편안하게 변화를 맞이하기도 한다. 주변의 친구들이 대부분 생리를 시작하면, 심지어 먼저 시작한 아이들을 부러워하며 노심초사 기다리는 여자아이들도 있다.

오래 달리기를 하는 체육시간에 한 무리의 여자아이들이 한숨을 쉬었다. 그러더니 그중에 한 아이가 다가와서 조용히 말을 건넸다.

"선생님, 저 오늘 달리기를 하는 줄 모르고 그걸 안 하고 왔거든요. 달릴 때 좀 불편할 것 같은데……."

자신의 가슴 쪽을 슬쩍 바라보는 것을 보니, 브래지어를 안 하고 왔다는 말인 듯했다. 그래도 혼자 속 끓이지 않고 용기를 내어 말한 아이가 기특하여 나는 다음 시간으로 미뤄주었다.

아이들의 신체변화에 민감한 부모들은 이렇게 아이들의 속옷을 먼저 챙겨주고 상황에 따라 가려야 할 행동도 알려줄 수 있다. 하지만 그렇지 않은 경우, 어떤 여자아이들은 체육시간에 다소 민망한 상황을 연출하기도 한다.

남자아이들의 변화

뚜렷한 징후를 보이는 여자아이들의 신체변화와는 달리 남자아이들은 큰 변화가 없다고 느낄 수도 있다. 하지만 가만히 살펴보면 이들도 신체변화를 통한 어려움을 많이 겪는다. 특히 남자아이들은 변성기를 겪으면서 확실히 말수가 줄어든다. 그렇다고 성격이 바뀌는 것은 아니다. 말로 하던 것들을 이제는 행동으로 나타내기 때문이다.

고학년 남자아이를 둔 학부모들이 가장 많이 하는 고민 중 하나가 바로 생활습관에 대한 것이다. 씻는 것, 옷 입는 것, 잠자는 것, 먹는 것까지 생활 전반에서 변화를 보이는데, 공통점은 대부분 '귀찮아서'가 가장 큰 이유다.

몸을 씻는 일도 이 시기가 되면 매우 귀찮아한다. 덩치라도 작으면 강제로 끌고 가서라도 씻기겠지만, 이들을 스스로 걸어 들어가 씻게 하는 것은 정말 어려운 일이다. 특히 고학년이 되면 땀도 많이 흘리고 호르몬 변화 때문에 몸에서 고유의 체취도 많이 난다. 특히 아이들 머리의 정수리 부분에서 이런 체취가 가장 많이 나는데, 이것은 머리를 자주 감는 일과는 별개인 듯하다.

옷 갈아입는 일도 마찬가지이다. 아침저녁으로 갈아입는 옷뿐만 아니라 계절에 맞는 옷차림을 하는 것도 포함한다. 남자아이들 중에는 겨울에도 반팔을 입고 다니는 아이들이 있다. 춥다고 긴팔 옷을 입으라고 해도 안 춥다며 반팔을 고수하기 일쑤이다. 그런가하면 한

겨울에도 점퍼의 지퍼를 올리지 않고 다 풀어헤치고는 춥다고 손을 호호 부는 녀석에게 보다 못한 내가 한마디 한다.

"옷 지퍼를 목까지 단단히 채우면 되잖아!"

"아~!"

순간 아이는 무슨 큰 깨달음이라도 얻은 표정이 된다. 그러나 그것도 잠시, 여전히 옷은 열려있는 그대로다.

"왜 지퍼 안 올려?"

내 말에 아이는 무심한 듯 한마디를 내뱉는다.

"아, 귀찮아요!"

남자아이를 둔 많은 부모들은 아이의 이런 행동을 흔히 게으른 성향 탓으로 돌린다. 하지만 고학년 남자아이들에게서 이런 성향은 흔하게 볼 수 있다. 또 이런 행동은 초등 고학년 시기에 잠깐 동안 보이는 행동일 수도 있다. 왜냐하면 중학생이 되면 욕실에 들어가서 오랜 시간 씻고, 거울을 보며 머리를 매만지느라 30분이 넘도록 안 나오는 아이로 변하기 때문이다. 그렇게 씻기 싫어하던 녀석이 맞나 싶을 정도로!

또 남자아이들에게 빼놓을 수 없는 특별한 주제는 바로 '야동'에 대한 것이다. 요즘은 컴퓨터, 휴대폰 등을 통해 너무나도 쉽게 아이들에게 노출되기 때문에 사회적인 문제가 되기도 한다.

그래서 많은 부모들은 이 시기가 오기 전에 올바른 성교육을 시켜야 한다고 생각한다. 하지만 내가 보기에 부모가 하는 성교육은 그리 효과적이지도 않고 아이들이 곧이곧대로 받아들이지도 않는다. 오히려 아이들은 많은 부분을 또래친구들과 나누는 정보에 더 의존한다.

그렇다고 아이들을 그대로 방치할 수는 없는 노릇이다.

"밖에서 어른 눈을 피해 얼마든지 접할 기회가 많이 있겠지, 그런 부분까지 막을 수 없다는 것도 알아. 하지만 적어도 무분별하게 빠져들지 않고, 현실과 얼마나 동떨어진 영상인지도 파악해가면서 받아들일 줄 아는 힘은 가지고 있다고 생각해. 그런 영상들 중에는 다분히 상업적인 목적으로 자극적인 부분만 극대화해서 만들어진 게 많거든. 그러니 정상적인 성에 대한 정보도 함께 알아보는 것이 중요해. 하지만 일단은 믿을게."

이렇게 어른의 믿음과 신뢰를 받은 아이들일수록 건강하게 자라는 법이다. 이미 부쩍 커버린 아이들을 잡고 통제하기보다는, 오히려 이런 식으로 대하면서 아이에게 관심의 끈을 놓지 않는 게 사춘기 아이들에게는 가장 효과적인 교육법이 될 것이다.

사춘기 자녀를 둔 지혜로운 부모라면 아이를 통제하던 고삐를 조금은 늦추고, 이제는 반대로 아이의 말을 듣고 귀를 더 기울여주는 자세가 필요하다. 그것이 어른들의 눈에 아무리 앞뒤가 안 맞고 어설

픈 논리라고 할지라도 그걸 자기 힘으로 생각해낸 아이에게는 온통 세상이 다 그래 보이기만 할 뿐이다. 부모의 눈에는 답답하고 이상하게 보여도 말이다.

아이의 삶에서 지금 이 순간, 아주 잠깐 좌충우돌하면서 아이는 스스로 시야를 넓히고 세상으로 나올 것이다. 그때까지 옆에서 기다려주는 것이 지금은 부모로서 할 수 있는 최선일지도 모른다.

자주 화가 나고 우울해요

우리는 모든 아이들에게 똑같이 되기를 강요하고 있는지도 모르겠다. 학교에서 공부하는 일이 어떤 아이들에게는 너무도 어렵고 힘든 일일 수도 있는데, 그들에게 너무도 쉽게 "왜 이것도 못하냐."고 말하고 있지는 않은지.

세상 사람들이 모두 그걸 당연하다고 말하니, 이 아이들은 자기가 왜 힘든지도 모른 채 세상에 대해 부정적인 감정만 쌓아간다. 그러다 사춘기에 접어들어 급기야 세상을 향해 분노를 쏟아낸다. 그들을 '문제아'라고 말할 수 있을까?

달라진 아이

1학년 때 만났던 현수를 5학년이 되어 다시 만났다. 여덟 살의 작고 귀여운 모습만 기억하고 있던 내게 부쩍 자란 현수의 모습은 신선

하면서 다소 낯설었다. 항상 내려다보기만 하던 아이의 키가 훌쩍 자라 이제는 나와 눈높이가 거의 같아졌고, 덩치도 엄청 커졌다.

1학년 때 현수는 주의가 산만하고 과잉행동 성향을 보이던 아이였다. 툭하면 교실에서 사라지기 일쑤였고, 갖가지 크고 작은 사고를 쳐서 언제나 나를 놀라게 하던 아이였다.

그런데 5학년이 된 지금은 교실에 의젓하게 앉아있다. 거기다 한술 더 떠 나와 구면인 관계를 과시하며 학기 초부터 거드름을 피우기까지 했다.

"와, 선생님은 그대로시네요. 야, 우리 선생님은 이런 거 싫어하셔. 그렇죠, 선생님?"

다른 친구들 들으란 듯이 나와 친한 척을 하는 것으로 우리는 재회의 인사를 대신했다. 몇 년 사이지만 아이는 겉모습 못지않게 내면의 모습도 많이 달라진 듯 보였다.

"저는 하기 싫은데요."

역할극을 하는 시간, 갑자기 뒤편에서 현수의 목소리가 들렸다.

"왜 하기 싫은데?"

"너무 유치하잖아요."

1학년 때는 음악만 나와도 엉덩이를 들썩이며 목이 터져라 노래를 부르던 녀석이 이제는 엉덩이가 세상에서 제일 무거워진 것 같았다. 뭐든 몸을 움직이는 건 귀찮아했다. 도대체 1학년 때의 모습은 어디로 사라진 건지 궁금했다.

현수의 또 다른 변화는 바로 분노에 대한 감정조절 문제였다. 물론 1학년 때도 보였던 모습이지만, 고학년이 되면서 그 강도와 빈도 면에서 현격한 차이를 보였다. 강도는 세어진 반면, 빈도는 현저하게 줄었다. 그러니까 1학년 때보다 분노를 폭발하는 횟수는 줄었지만, 일단 폭발했다하면 걷잡을 수 없을 정도가 되었다.

학교에서 체지방 검사를 하는 날, 신체 치수에 민감해진 아이들을 위해 나는 비밀 유지에 신경을 쓰며 검사를 진행했다. 그런데 보건실에서의 검사가 끝나고 교실로 돌아온 나는 놀라운 광경을 목격했다. 내가 교실에 도착했을 때 의자를 집어 든 현수가 윤후를 향해 죽여 버리겠다며 소리를 지르고 있었다. 너무 놀란 나는 달려가 현수를 말렸다.

"아~, 저리 비키세요. 선생님은 빠지시라고요!"

이미 현수는 아무것도 안중에 없어 보였다. 윤후도 지지 않고 그런 현수를 노려보았다. 나는 일단 두 아이를 떼어놓았다. 그 뒤에도 현수는 소리를 지르고 책상을 발로 차며 분노에 휩싸여 어쩔 줄 몰라 했다.

"저 녀석이 나더러 뚱뚱하다고 놀렸단 말이에요."

상황이 좀 진정되고 나서 이유를 묻는 나에게 현수가 한 말이었다. 그러자 윤후가 억울하다는 듯이 말했다.

"아니에요, 놀린 적 없어요. 전 그런 말한 적이 없다고요."

"그럼 윤후가 현수에게 뭐라고 말했는데?"

"저는 그냥 '야, 몸무게 잘 나왔냐?'고 물은 게 다예요."

"현수야, 윤후 말이 맞아?"

"아~, 그런데 이 녀석이 웃으면서 말했단 말이에요. 내가 뚱뚱하니까 놀리려고 그런 거잖아요!"

"저는 안 웃었어요."

윤후는 너무 억울한 나머지 거의 울먹이는 목소리로 말했다.

현수는 몸이 뚱뚱해지면서 외모에 대한 열등감을 가지게 된 것 같았다. 특히 몸무게에 굉장히 민감한 반응을 보였다. 아무래도 몸무게 검사 때문에 민감해져 있던 현수가 덩치도 작고 만만한 윤후에게 시비를 건 상황으로 보였다.

나는 현수에게 생각보다 부정적인 감정이 많이 내재되어 있는 게 걱정스러웠다. 몸무게뿐 아니라 현수가 느끼는 분노는 삶의 여러 곳에서 느껴지곤 했다. 주의집중에 문제가 있던 아이인지라 학습적인 부분이 많이 뒤처져있었다. 특히 수학이나 영어 시간에는 거의 학습을 따라올 수 없을 정도였기 때문에 멍하니 앉아있는 경우가 더 많았다. 도와주고 싶어도 어디서부터 손을 대야할지 어려운 지경이었다.

아니 사실 더 큰 문제는 내가 도와주려고 해도 현수가 하려고 하지 않는다는 점이었다. 1학년 때 현수는 사고뭉치였기는 해도 호기심 많고 활동적인 아이였다. 그런데 고학년이 되어 다시 만난 현수는 굉장히 우울하고 무기력하게 변해있었다. 도대체 이 아이에게 그동안 무슨 일이 있었던 걸까?

우울하고 무기력해지기까지

나는 현수와 함께 했던 이들을 찾아 정보를 모았다. 가장 먼저 현수의 이전 담임선생님들을 찾아가 이야기를 들어보았다. 2학년 때까지 현수의 모습은 1학년 때와 그리 다르지 않았던 것 같다. 그런데 3학년이 되면서 많은 일들이 있었다고 했다.

장난기 많고 가만히 앉아있기 힘든 현수에게 학교에서 보내는 시간은 무척 괴로웠을 것이다. 그런 현수에게 탈출구는 장난치기였고, 가장 쉽게 장난 걸 수 있는 대상은 바로 주변의 친구들이었다.

1학년 때 장난이야 '바보야~'라고 놀리고, 등짝 한 대 때리고 도망가며 '나 잡아 봐라, 메롱~' 하는 수준이었지만, 학년이 올라갈수록 아이들도 이런 유치한 장난에는 잘 걸려들지 않는다. '쟤는 원래 저래.' 하며 친구들도 현수의 장난을 적당히 무시할 줄 아는 힘이 생긴 것이다.

단순하고 유치한 장난이 별 효과를 볼 수 없게 되자, 현수의 장난도 점점 수위가 높아졌다고 한다. 그중에서 가장 많이 한 장난은 친구들이 가장 아끼는 것들만 골라서 숨기는 거였다. 물건을 잃어버린 아이가 당황하며 동분서주하는 모습이 재미있었을 테니까. 그러다 현수의 장난으로 밝혀지면 아이들은 격하게 분노했다. 그도 그럴 것이 현수 입장에서는 '장난으로 숨긴 것'이지만, 당하는 아이 입장에서는 아끼는 물건을 '도둑맞은 것'이기 때문이다.

이렇게 사소한 일들이 쌓이면서 아이들 사이에서 그리고 심지어 부모들 사이에서까지 현수에 대한 소문은 안 좋게만 퍼져나갔다. 저학년 때와 달리 학년이 올라가면서 상황은 점점 현수에게 불리해져만 갔다.

이젠 조그만 장난을 쳐도 아이들이 현수를 비난하는 일이 잦아졌고, 심지어 그가 하지 않은 장난도 현수부터 의심하고 보는 일도 생겼다. 그런 아이들에게도 뭐라고 할 수도 없는 것이, 이미 많은 아이들은 저학년 때부터 현수의 짓궂은 장난 때문에 크고 작은 감정들이 쌓여 있었던 것이다.

힘든 것은 현수뿐만이 아니었다. 고학년이 되어 다시 만난 현수 어머니는 아들에 대해 거의 자포자기 심정이 된 것을 느낄 수 있었다. 학교에서 아이들과 분쟁이 있을 때마다 담임선생님이든 주변의 친구 엄마들이든 현수 어머니에게도 이야기를 했을 테고, 그럴 때마다 아들의 행동에 대해 미안하다고 사과를 해야 하는 것은 현수 어머니의 몫이었다. 하루 이틀도 아니고 몇 년씩이나 이런 일이 반복되다 보니 현수 어머니 입장에서도 학교나 주변 사람들에게 부정적인 감정이 쌓일 수밖에 없었을 것이다.

더 안 좋은 것은 그런 엄마의 감정이 다시 현수에게도 전해진다는 점이었다. 아무리 말해도 고쳐지지 않는 아들이 어떤 날은 짠했다가도, 어떤 날에는 자기도 모르게 화가 치밀어 심하게 야단을 치기도 했다는 것이다. 가뜩이나 고학년이 되어 예민해진 아이여서 결국 엄마와 아들의 관계까지 많이 어긋나고 말았다.

현수의 우울하고 무기력한 마음은 이렇게 긴 시간을 들여 서서히 만들어진, 그리고 아주 겹겹이 쌓여진 결과물이었다. 그렇게 어디 하나 기댈 곳 없는 아이의 심정이 내게 고스란히 전해져왔다.

따뜻한 위로와 인정이 필요한 때

아이의 마음을 이해하게 된 이후, 나는 가능하면 현수가 지금까지 접하던 것과 다른 방법으로 아이를 대하려고 노력했다.

수학시간, 다른 친구들은 모두 문제를 푸느라 열심인데 현수는 책상에 엎드려 있다. 가까이 다가가보니 교과서도 꺼내 놓지 않은 상태였다.

"현수야, 수학책 꺼내야지."

"책 없어요."

"교과서 잃어버렸어?"

"몰라요, 다 찾아봤는데 없어요."

"그래도 찾아는 봤구나. 그럼 선생님 책 빌려줄까?"

"싫어요!"

"왜?"

"아, 봐도 무슨 소린지 모르겠다고요."

내 머리 속에서는 분노의 김이 모락모락 피어나기 시작했다. 나는 잠시 숨을 고르며 내 머릿속 불길부터 진화했다.

"그럼 5분만 더 봐줄게. 대신 그 뒤엔 엎드리지 말고 일어나 앉아서 수업을 잘 듣는 거다."

"……."

대답도 없는 아이를 보며 또다시 마음속에 불길이 치솟으려 했다.

'그래도 싫다고는 안 했잖아.'

이렇게 스스로에게 말하며 애써 마음을 다독였다.

5분 뒤, 나는 다시 현수에게 다가갔다. 현수는 아직 엎드려 있는 채였다. 조용히 아이의 등을 쓰다듬었다. 고학년 남자 아이들은 스킨십을 그다지 좋아하지 않는다. 그런 까닭에 나는 녀석이 기겁하며 일어나리라 예상했다. 그런데 반응이 좀 달랐다.

"아, 왜 이래요~."

마지못해 일어나는 현수의 표정에는 살짝 미소가 담겨있었다. 다른 아이들처럼 기겁하거나 싫어하는 표정이 아니었다. 그 다음부터 나는 현수의 손도 잡아주고, 등도 토닥여주며 조금씩 아이에게 다가갔다. 덩치는 커다란 녀석이 그럴 때마다 유순해지는 것을 보면 마음 한편이 찡하게 저려왔다. 어렸을 때 충분히 받았어야 할 정서적인 유대가 현수에게는 많이 결핍되어 있었구나 하는 생각 때문이었다.

현수를 보면서 나는 아이들에게 삶에 대한 자세를 배울 수 있는 인생의 골든타임이 존재한다는 생각이 들었다. 초등학교 저학년 때 친구들과의 관계를 건강하게 형성하는 법, 기본적인 학습을 하는 성실성과 인내심 등을 기르지 않으면, 고학년이 되어서는 많은 어려움이 따르기 때문이다.

이미 주변 친구들이 훨씬 앞서 있는 게 보이기 때문에 뒤늦게 따라가기에는 현수도 쉽지 않았을 것이다. 또 선생님 얼굴을 봐서라도 열심히 하고 싶은 마음은 있었지만, 자신도 모르게 금방 지치고 산만해져 스스로도 괴로웠을 것이다.

세상에 대해 화나고, 그래서 우울하고 무기력해진 현수에게 지금 필요한 건 따뜻한 위로와 인정이 아닐까? '괜찮다고. 다른 친구들과 똑같아질 필요 없다고. 그냥 지금의 너로 충분하다고.'

초등학교 시기는 신체적, 인지적으로 매우 빠른 발달과 변화의 과정을 거치는 때이다. 아이가 고학년이 되었다면 저학년 때 모습은 잠시 잊고, 지금 이 순간 아이의 모습을 있는 그대로 받아들여야 하지 않을까.

에필로그
어린이에서 청소년이 되는 시간

　초등학교를 졸업하고 중학교 교복을 입은 아이의 모습을 보면 왠지 어엿해 보이고 자랑스럽기까지 합니다. 이제 아이는 어린이에서 청소년으로 큰 걸음을 내딛었으니까요.

　중학교 입학은 아이들에게 새로운 출발의 시간입니다. 아이들에게는 두렵고, 긴장되는 일이지만, 한편으로는 기대도 큽니다. 그래서 이 시간은 아이의 진짜 속마음을 들여다볼 수 있는 좋은 기회입니다. 더불어 아이들 마음에 부모의 응원을 불어넣어 줄 수 있는 기회가 되기도 하지요. 아이가 무엇을 가장 두려워하는지 또는 설레어하는지 부모님들이 관심을 갖고 잘 지켜봐주세요.
　어떤 아이는 단짝 친구와 헤어지는 일을 가장 속상해합니다. 서로 다른 중학교나 다른 반을 배정 받아서 울기도 하고, 나만 혼자 떨어졌다고 억울함을 토로하기도 합니다. 이 아이에게는 친구가 무엇보다 소중했다는 사실을 알 수 있습니다. 그렇다면 바로 그 빈틈을 부모님이 채워줄 수 있습니다. 아이의 말을 충분히 들어주고 같이 속상해하며 "새 친구를 사귈 때까지 엄마가 친구가 되어줄게."라고 말해보세요. 그동안 알지 못했던 아이의 친구관계도 속속들이 알 수 있는 기회가 됩니다.

어떤 아이는 그저 무덤덤해 보입니다. 새로운 시작에 대한 스트레스가 덜한 아이들도 있으니까요. 내색하지 않지만, 이 아이는 새로운 긴장을 즐기고 있는지도 모릅니다. 어쩌면 겉으로 표현하는 사람보다 더 확실하게 내면의 깊은 곳에서 새로운 출발을 준비하고 있는지도 모릅니다. 실제 이런 아이들 가운데 중학교에 가서 갑자기 두각을 나타내는 아이들도 많으니까요. 이 아이에게는 부모가 곁에서 지지하고 응원하는 시선으로 바라봐주는 것만으로 충분합니다.

'어린이에서 청소년이 되는 시간'은 아이들에게 내적인 마음의 성장으로나, 외적인 환경 변화로나 무척 중요한 시기입니다. 이 시기에 부모와 주변의 지지를 충분히 받은 아이는 긴장감을 훌훌 털고, 보다 넓은 세상을 향해 날개를 활짝 펼 수 있습니다.

비록 서툴지만 새롭게 출발하는 세상 모든 날갯짓들에게 진심을 담아 응원의 마음을 보냅니다.